AF672172

Der Pakt gegen das „Haus Israel”

Der Pakt gegen das „Haus Israel"

Steffen Fuchs

Autor: Steffen Fuchs
ISBN: 9789462547292
Coverdesign: Steffen Fuchs
Verlag: Mein Bestseller
Veröffentlicht: 2015
© Steffen Fuchs

Inhaltsverzeichnis

Prolog

Es gibt viel Material, zu dieser Prophezeiung in Psalm 83.

Aber die meisten Interpretationen haben *2 entscheidende Fehler*: Die *falsche Interpretation* des Wortes **Israel**, dass in der Regel mit dem heutigen Staat der Juden gleichgesetzt wird und die *falsche Interpretation* von **Assur**, was mit dem Irak gleichgesetzt wird.

Aber dem ist eben nicht so, denn die **Bibel** meint mit Israel das ‚Haus Isreal' oder geistige ‚Israeliten'. Beim ersten handelt es sich um die *englischsprachigen Nationen*, Nachfahren der *israelitischen Stämme* **Ephraim** und **Manasse** und bei letzterem um zum *wahren Christentum bekehrte* Menschen.

Der *Staat der Juden*, an den die meisten spontan denken, wenn sie das Wort *Israel* hören, ist in der Bibel der Stamm **Juda**, welcher heute noch bzw. wieder dort lebt.

Und auch wenn es im *Irak* noch immer die Stadt **Assur** gibt, eine Keimzelle des antiken *Assyrien*, so nimmt die Bibel trotzdem mit diesem Wort *nicht* auf den Irak Bezug. Der *Irak* wird in der Bibel entweder **Babel** oder **Schinar** genannt. Und Assur bezieht sich auf die *emmigrieten Nachfahren der antiken Assyrer*, die sich heute als die beiden *deutschsprachigen* Völker in der Mitte Europas befinden. Das mag sich jetzt sehr neu, überraschend oder unglaublich anhören, aber es läßt sich *sowohl anhand der Bibel wie auch historisch nachweisen*. Und genau das werde ich in diesem Buch tun.

Psalm 83

Psalm 83: *Bleibe nicht ruhig, Gott, schweige nicht.*

Und sei nicht still, o Gott! Denn siehe, deine Feinde toben, und die dich hassen, erheben das Haupt. Sie machen listige Anschläge gegen dein Volk, verabreden sich gegen deine Schutzbefohlenen. Sie sprechen:

„Kommt, wir wollen sie vertilgen, dass sie kein Volk mehr seien, dass an den Namen Israel nicht mehr gedacht werde!" Ja, sie haben einen einmütigen Beschluss gefasst, sie haben einen Bund gegen dich geschlossen: die Zelte ***Edoms*** *und die* ***Ismaeliter****,* ***Moab*** *und die* ***Hagariter****,* ***Gebal*** *und* ***Ammon*** *und* ***Amalek****, das Philisterland samt den Bewohnern von* ***Tyrus****. Auch* ***Assur*** *hat sich ihnen angeschlossen und ist den Söhnen Lots ein Beistand geworden.*

Dieser Psalm wirft zwei prinzipielle Fragen auf. **Erstens:** Ist diese Prophezeiung bereits erfüllt und läge damit in der Vergangenheit oder ist sie für die Endzeit bestimmt? **Und zweitens:** Um welche Nationen handelt es sich heute? Zur **ersten** Frage: Diese Prophezeiung ist noch *nicht* erfüllt, denn es ist historisch keine Begebenheit bekannt, in der es diese spezifische Koalition gegeben hat.

Und es handelt sich heute um **folgende** Nationen: *Edom* ist die **Türkei**, *Gebal* & *Tyrus* ist der **Libanon**, *Ismaeliter* bezieht sich auf **Saudi-Arabien**, *Hagariter* auf **Syrien**, *Moab* und *Ammon* auf **Jordanien** und *Amalek* und das *Philisterland* ist heute **Palästina**. Keine Sorge, ich behaupte das nicht nur einfach so, sondern werde es in den folgenden Kapiteln ausführen und belegen.

Assur ist nicht ganz so einfach, denn es bezieht sowohl auf den heutigen *Irak* wie auch auf **Österreich** und **Deutschland**. Aber wie schon gesagt, in der *Bibel* bezieht sich dies *nicht* auf den *Irak*, sondern auf die *deutschen* Nationen. Da die weltpolitisch bedeutsamen Tage Österreichs, seit dem Ende des 1. Weltkrieges vergangen sind, werde ich mich, wenn ich vom modernen Assyrien spreche, deshalb auf Deutschland beziehen. Doch dazu mehr in den entsprechenden Kapiteln.

Die Söhne *Lots* sind die bereits erwähnten *Ammon* und *Moab*, also die heutigen *Jordanier*.

Wer oder was ist Israel?

Es ist zunächst einmal sehr wichtig, den Unterschied - zwischen dem ‚Haus Israel', um welches es in der Bibel geht, -und dem heutigen Staat Israel zu klären.

Das Volk Israel bestand und besteht immer noch aus diversen Stämmen. Von diesen waren und sind bis auf den Stamm *Juda*, keiner jüdisch! Die Juden waren immer nur *ein Volk.* Sie sind nicht verschiedene Völker und waren es auch nie. Die Juden gehören zum Volk Israel, genauso wie die *Hessen* zum deutschen Volk. Aber wie die Deutschen keine *Bayern* sind, so sind *die meisten* Angehörigen *Israels* keine Juden.

Das Land der Israeliten ist mit dem heutigen Staat *Israel* identisch, aber dort lebt heute, vor allem der Stamm *Juda*. Die anderen haben das *gelobte Land* verlassen und sich über die ganze Welt verstreut. *Israel* ging so als ‚die zehn verlorenen Stämme' in die Annalen ein. Aufgrund seines Bundes mit David, beließ Gott nur einen geringen Teil des ‚Hauses Israels', den Stamm *Juda*, zu dem sich auch einige *Leviten* und *Benjaminiten* gesellten, in diesem Gebiet.

Der Stamm Juda, *ist aber* ein Teil des originären Volkes Israel, auch wenn er nicht das *ganz* Israel bildet und deshalb von da an, auch nicht mehr den Namen ‚Israel' trug. Die Juden haben den Namen ihres Stammes, und die anderen zehn Stämme haben nun den Namen des Königreiches von ‚Israel' inne.

Das damalige Königreich Israel (721-718 v. Chr.) war erobert worden. Die Menschen waren als Sklaven nach Assyrien verschleppt worden laut **2. Könige 17:2-6:** *Hosea, der letzte König von Israel Im zwölften Jahr des Ahas, des Königs von Juda, wurde Hosea, der Sohn Elas, König über Israel in Samaria, [und er regierte] neun Jahre lang.*

Gegen ihn zog Salmanassar, der König von Assyrien, herauf; und Hosea wurde ihm untertan und zahlte ihm Tribut. Als aber der König von Assyrien erfuhr, dass Hosea eine Verschwörung gemacht und Boten zu So gesandt hatte, dem König von Ägypten, und dem König von Assyrien nicht wie alle Jahre Tribut gezahlt hatte, da nahm er ihn fest und legte ihn gebunden ins Gefängnis.

Und der König von Assyrien durchzog das ganze

Land und kam vor Samaria und belagerte es drei Jahre lang. Im neunten Jahr Hoseas eroberte der König von Assyrien Samaria und führte Israel gefangen nach Assyrien; und er siedelte sie in Halach und am Habor, dem Fluss Gosans, und in den Städten der Meder an.

Aber die *Assyrer* hatten, nach der Zerstörung ihres Reiches, zusammen *mit* ihren Sklaven angefangen, das Land zu verlassen (s. Kapitel über Assur) um in Richtung *Europa* auszuwandern. Von nun an wird das Königreich der zehn Stämme, von den Stämmen ‚Ephraim' und ‚Manasse' geführt. Nicht die zehn Stämme wurden von Israel abgetrennt, stattdessen *wurde Juda von Israel abgetrennt.*

Mit den *Assyrern* zogen die zehn Stämme Israel nach Nordwesten, jetzt allerdings nicht mehr als Gefangene. Sie zogen noch weiter als die *Assyrer,* bis nach *Westeuropa*, *Skandinavien* und auf die *Britischen Inseln*. Hier möge der Hinweis genügen, dass sich die anderen Stämme allem Anschein nach in Ländern wie *Niederlande*, *Belgien*, *Dänemark*, *Nordfrankreich*, *Luxemburg*, der *Schweiz*, *Schweden* und *Norwegen* niedergelassen haben. Auch die Bevölkerung *Islands* zählt dazu.

Die Botschaft von **Jeremia 31:7** soll denen, die „fern auf den Inseln" sind, verkündet werden, sie soll laut „über das Haupt unter den Völkern" ausgerufen werden. Das sagt uns, dass sich das heutige ‚Haus Israel' seit jener Zeit, als Jeremia Davids Thron neu „pflanzte", auf den Inseln, im „Meer" und zwar als „Haupt unter den Völkern" niedergelassen hat.

Und zwar, von *Jerusalem* ausgesehen, in nordwestlicher Richtung. Es handelt sich also um ein seefahrendes Volk, welches deshalb wahrscheinlich die Küstengegenden bewohnt. Da es im Hebräischen aber kein Wort für „Nordwesten" gibt, wird diese Richtung mit „Norden und Westen" umschrieben. Gemeint ist damit Nordwesten. Als weitere Richtungsangabe haben wir *„und* in *alle* Welt".

Jetzt muss noch das Wort „Sinim" übersetzt werden und schon haben wir einen weiteren Aufenthaltsort des ‚Hauses Israel' gefunden. Das Wort bedeutet „Australi" (Süden bzw. Australien).

Laut den Segnungen Jakobs für die Söhne sollte es wie folgt kommen: *„Dieser [Manasse] soll auch ein Volk werden und wird groß sein, aber sein jüngerer Bruder [Ephraim] wird größer als er werden, und sein Geschlecht wird eine Menge [eine Ge-*

meinschaft – ‚Commonwealth'] von Völkern werden" (**1. Mose 48:19**). Dies beweist eindeutig, dass ‚Ephraim' sich auf *Großbritannien* beziehen muss, denn zu ihm gehören auch die Staaten des *‚Commonwealth'*. Und wie wir im weiteren Verlauf noch sehen werden, bildeten *Großbritannien*, seine Commonwealthstaaten und die *USA*, fast immer eine einige Koalition in kriegerischen Auseinandersetzungen.

Ursprünglich gab es also zwölf Stämme. Vom Stamm Joseph, einem der zwölf, spaltete sich später ‚Manasse' ab. Eigentlich ist Manasse ein *dreizehnter* Stamm. Der Stamm Manasse wanderte, später nach *Nordamerika* aus. Manasse sollte sich ja auch laut Bibel von ‚Ephraim' trennen und zur größten Einzelnation der Welt, den *Vereinigten Staaten von Amerika* werden. Da die *USA* heut zu Tage in allen Medien ganz selbstverständlich als Welt- oder Supermacht bezeichnet werden, ist es nicht nötig, das an dieser Stelle weiter zu belegen.

Auch ein Blick auf die Farben der Flaggen der beiden Nationen, zeigt sofort die Ähnlichkeiten auf. Sehr wahrscheinlich ist die US-Fahne, eine Anlehnung an das einstige Mutterland. So wie auch *Neuseeland* und *Australien*, die Farben des Union Jack übernommen bzw. ihn in ihre Fahne integriert haben.

Vielleicht ist Ihnen ja auch während der Berichterstattung über die NSA-Affäre etwas aufgefallen!? Mir ist aufgefallen, dass die *USA* bestimmte Länder überhaupt nicht ausspioniert haben und raten Sie mal welche das waren ... es handelt sich dabei um *Kanada*, *Großbritannien*, *Australien*, *Neuseeland* und *Israel* - So ein Zufall aber auch! Ebenfalls sind die *USA* die Nation, die seit Jahrzehnten fast alle UN-Resolutionen gegen *Israel*, mit ihrem Veto-Recht blockiert hat. Man weiß in diesen Nationen wohl irgendwie um die gemeinsame Abstammung.

Und auch trotz des Unabhängigkeitskrieges der einstigen Kolonie gegen die britische Krone, sind beide Nationen heute immer noch brüderlich verbunden. Ein ähnliches Verhältnis gibt es auch zwischen den beiden deutschen Völkern, wie wir im Kapitel über Assur, noch sehen werden.

Aber zurück zum Erstgeburtsrecht. Was sind nun die Segnungen, durch welche diese beiden Stämme, zu identifizieren sind? Es handelt sich um:

- Das fruchtbare Ackerland um den *Mississippi*,
- riesige Weizen- und Kornfelder,
- riesige Wälder in *Nordamerika*,

- die Goldfelder *Südafrikas*, *Australiens* und *Alaskas*,
- große Kohlenbergwerke in *Großbritannien* und den *Vereinigten Staaten,*
- Anbaugebiete erlesener Obstsorten in *Florida* und an der Pazifikküste *Amerikas*.

Ebenfalls gehören die „Tore der Feinde" – die strategisch wichtigen Meereskanäle, welche für den Handel wichtig sind, dazu (**1.Mose 22:16**). Es geht hierbei um Durchfahrtswege wie *Gibraltar*, *Suez*, oder den *Panamakanal*. *Großbritannien* und die *USA* gelangten in den Besitz dieser Tore der Welt. Der Welthandel spielt sich auch heute noch größtenteils auf den Seewegen ab.

In **3. Mose Kapitel 6** finden wir weitere Segnungen: *„Ich will Frieden geben in eurem Lande, dass ihr schlafet und euch niemand aufschrecke [...] und kein Schwert soll durch euer Land gehen. Ihr sollt eure Feinde jagen, und sie sollen vor euch her dem Schwert verfallen. Fünf von euch sollen hundert jagen, und hundert von euch sollen zehntausend jagen. Und ich will mich zu euch wenden und will euch fruchtbar machen und euch mehren und will meinen Bund mit euch halten".*

Weitere Anhaltspunkte für Segnungen sind:

- Ab 1804 war *London* das Weltfinanzzentrum,
- die *USA* hat die Zahl der Staaten durch den Kauf des Louisiana-Territoriums vergrößert,
- eine Rekordernte nach der anderen,
- *Großbritannien* und die *USA* besaßen fast ¾ Aller Bodenschätze der Welt,
- *Großbritannien* beherrschte die Meere.

Damit sich die Verheißungen des Erstgeburtsrechts erfüllen konnten, mussten die Israeliten bestimmte Bedingungen einhalten. Es gab ein großes ‚Wenn'. Gott verlangte, dass seine *Satzungen* und *Gebote* eingehalten werden.

Warum hat *Großbritannien* nun aber bereits den Großteil seiner Kolonien und damit seines Reichtums und seiner Macht in der Welt eingebüßt? Und warum werden die *USA* in der Welt nicht mehr ernst genommen oder in weiten Teilen, sogar gehasst und verachtet? Warum konnte die Supermacht *USA* die Kriege gegen kleine Nationen wie im *Vietnamkrieg* nicht für sich entscheiden?

Es liegt ganz einfach daran, dass *Israel* die obigen Bedingungen mit der Zeit nicht mehr einhielt. Und was Gott in diesem Fall tun würde lesen wir in **3. Mose 6:14:** *„Werdet ihr mir aber nicht gehorchen und nicht alle diese Gebote tun [...] so will* *auch ich euch dieses tun: Ich will euch heimsuchen mit Schrecken, mit Auszehrung und Fieber, dass euch die Augen erlöschen und das Leben hinschwindet. Ihr sollt umsonst euren Samen säen, und eure Feinde sollen ihn essen. Und ich will mein Antlitz gegen euch richten, und ihr sollt geschlagen werden vor euren Feinden, und die euch hassen, sollen über euch herrschen".*

Bleibt noch die Frage, was Gott den Juden, für deren Ungehorsam, prophezeit hat. Dies finden wir in **Jeremia 29:15-19:**

Weil ihr aber sagt: »Der HERR hat uns in Babel Propheten erweckt!« — fürwahr, so spricht der HERR über den König, der auf dem Thron Davids sitzt, und über das ganze Volk, das in dieser Stadt wohnt, über eure Brüder, die nicht mit euch in die Gefangenschaft gezogen sind, so spricht der HERR der Heerscharen:

Siehe, ich sende das Schwert, die Hungersnot und die Pest gegen sie und will sie machen wie die abscheulichen Feigen, die man vor Schlechtigkeit nicht essen kann; und ich will sie mit dem Schwert, mit Hungersnot und Pest verfolgen und will sie zum Schrecken für alle Königreiche der Erde machen, zum Fluch und zum Entsetzen, zum Spott und zum

Hohn unter allen Völkern, wohin ich sie vertrieben habe, dafür, dass sie nicht auf meine Worte gehört haben, spricht der HERR, da ich doch meine Knechte, die Propheten, zu ihnen gesandt habe, indem ich mich früh aufmachte und sie [immer wieder] sandte; ihr aber habt nicht gehört! spricht der HERR.

Das Wort Israeliten meint im biblischen Kontext nicht die Einwohner des Landes Israels heute, sondern es bezieht sich auf bekehrte Christen und die Nachfahren von Abraham und Jakob.

Mehr zu diesen wie auch allen anderen Nationen und besonders deren Zukunft, im letzten Kapitels des Buches.

Edom bzw. Esau

Ursprünglich ist auch *Esau* ein Sohn Israels. Aber so wie *Assur* sich von seinem Vater trennte und eigene Wege beschritt, so tat dies auch *Esau*. Er war der erstgeborene Sohn *Isaaks*. Er hatte einen Zwillingsbruder *Jakob*, der kurz nach ihm geboren wurde. Von Anfang an gab es einen Konflikt in dieser Beziehung und dieser setzt sich bis in die Endzeit, also unsere Gegenwart, fort.

Ursprünglich war Esau der Erbe des Erstgeburtsrechts, aber er tauschte sein Erstgeburtsrecht für eine ‚Schüssel roter Suppe'. So steht es in **1. Mose 25:29-33:** *Esau verkauft sein Erstgeburtsrecht*

Und Jakob kochte ein Gericht. Da kam Esau vom Feld und war erschöpft. Und Esau sprach zu Jakob: Lass mich von dem roten [Gericht] da hinunterschlingen, denn ich bin erschöpft! Daher gab man ihm den Namen Edom. Da sprach Jakob: Verkaufe mir heute dein Erstgeburtsrechte! Und Esau sprach zu Jakob: Siehe, ich muss doch sterben; was soll mir das Erstgeburtsrecht?

Jakob sprach: So schwöre mir heute! Und er

schwor, ihm und verkaufte so dem Jakob sein Erstgeburtsrecht für ein Linsengericht. Und er aß und trank und stand auf und ging davon. So verachtete Esau das Erstgeburtsrecht.

Das Erstgeburtsrecht beinhaltet all den Wohlstand und die Macht, welche die USA und Großbritannien bzw. ‚Ephraim und Manasse' erhalten haben. Seitdem verwendet Gott für die Nachfahren von Esau, den Namen Edom, was „Eine Schüssel rote Suppe" heißt.

Aber damit nicht genug, dass Jakob nun das Erstgeburtsrecht hatte, denn es ging noch weiter in **1 Mose 27:39:** *Jakob empfängt durch Betrug den Erstgeburtssegen*

Und es geschah, als Isaak alt war und seine Augen dunkel wurden, so dass er nicht mehr sehen konnte, da rief er Esau, seinen älteren Sohn, und sprach zu ihm: Mein Sohn! Er aber antwortete ihm: Hier bin ich! Und er sprach: Siehe, ich bin alt und weiß nicht, wann ich sterbe. So nimm nun dein Jagdgerät, deinen Köcher und deinen Bogen, und geh aufs Feld und jage mir ein Wildbret, und bereite mir ein schmackhaftes Essen, wie ich es gern habe, und bring es mir herein, dass ich esse, damit meine Seele dich segne, bevor ich sterbe!

Rebekka aber hörte zu, als Isaak diese Worte zu seinem Sohn Esau sagte. Und Esau ging aufs Feld, um ein Wildbret zu jagen und es heimzubringen. Da sprach Rebekka zu ihrem Sohn Jakob: Siehe, ich habe gehört, wie dein Vater mit deinem Bruder Esau redete und sagte: »Bring mir ein Wildbret und bereite mir ein schmackhaftes Gericht, dass ich esse und dich segne vor dem Angesicht des HERRN, ehe ich sterbe!«

So gehorche nun, mein Sohn, meiner Stimme und tue, was ich dir sage: Geh hin zur Herde und hole mir von dort zwei gute Ziegenböcklein, dass ich deinem Vater ein schmackhaftes Gericht davon bereite, wie er es gern hat. Das sollst du deinem Vater hineintragen, damit er es isst und dich vor seinem Tod segnet! [...]

Da ging er hin und holte es und brachte es seiner Mutter. Und seine Mutter machte ein schmackhaftes Essen, wie es sein Vater gern hatte. [...]

Und er ging hinein zu seinem Vater und sprach: Mein Vater! Er antwortete: Hier bin ich! Wer bist du, mein Sohn? Jakob sprach zu seinem Vater: Ich bin Esau, dein Erstgeborener; ich habe getan, wie du mir gesagt hast. Steh doch auf, setz dich und iss von meinem Wildbret, damit mich deine Seele seg-

ne! Isaak aber sprach zu seinem Sohn: Mein Sohn, wie hast du es so bald gefunden? Er antwortete: Der HERR, dein Gott, ließ es mir begegnen! [...]

Aber er erkannte ihn nicht, denn seine Hände waren rau, wie die Hände seines Bruders Esau. Und so segnete er ihn. Und er fragte ihn: Bist du wirklich mein Sohn Esau? Er antwortete: Ja, ich bin's! Da sprach er: So bringe es mir her, damit ich von dem Wildbret meines Sohnes esse, dass dich meine Seele segne! Da brachte er es ihm, und er aß; er reichte ihm auch Wein, und er trank. [...]

Gott gebe dir vom Tau des Himmels und vom fettesten Boden und Korn und Most in Fülle! Völker sollen dir dienen und Geschlechter sich vor dir beugen; sei ein Herr über deine Brüder, und die Söhne deiner Mutter sollen sich vor dir beugen. Verflucht sei, wer dir flucht, und gesegnet sei, wer dich segnet!

Esaus Reue über den verlorenen Segen

Und es geschah, als Isaak den Segen über Jakob vollendet hatte, und Jakob kaum von seinem Vater Isaak hinausgegangen war, da kam sein Bruder Esau von der Jagd. Der machte auch ein schmackhaftes Essen und trug es zu seinem Vater hinein und sprach zu ihm: Steh auf, mein Vater, und iss von dem Wildbret deines Sohnes, damit mich deine Seele segne! Da antwortete ihm sein Vater Isaak: Wer bist du? Er sprach: Ich bin dein Sohn Esau, dein Erstgeborener!

Da entsetzte sich Isaak über alle Maßen und sprach: Wer ist denn der Jäger, der ein Wildbret gejagt und mir aufgetragen hat? Ich habe von allem gegessen, ehe du kamst, und habe ihn gesegnet; er wird auch gesegnet bleiben! Als Esau diese Worte seines Vaters hörte, schrie er laut auf und wurde über die Maßen betrübt und sprach zu seinem Vater: Segne doch auch mich, mein Vater!

Er aber sprach: Dein Bruder ist mit List gekommen und hat deinen Segen weggenommen! r heißt mit Recht Jakob; denn er hat mich nun zweimal überlistet! Mein Erstgeburtsrecht hat er weggenommen, und siehe, nun nimmt er auch meinen Segen! Und er sprach: Hast du mir keinen Segen zurückbehalten?

Da antwortete Isaak und sprach zu Esau: Siehe, ich habe ihn zum Herrn über dich gesetzt, und alle seine Brüder habe ich ihm zu Knechten gegeben; mit Korn und Most habe ich ihn versehen. Was kann ich nun für dich tun, mein Sohn? Esau sprach zu seinem Vater: Hast du denn nur einen Segen, mein Vater? Segne doch auch mich, mein Vater! Und Esau erhob seine Stimme und weinte.

Da antwortete Isaak und sprach zu ihm: Siehe, fern vom Fett der Erde wird dein Wohnsitz sein, und fern vom Tau des Himmels von oben. Von deinem Schwert wirst du leben und deinem Bruder dienen. Es wird aber geschehen, wenn du dich befreien kannst, wirst du sein Joch von deinem Hals reißen.

Jakobs Flucht zu Laban

Und Esau wurde dem Jakob Feind wegen des Segens, womit sein Vater ihn gesegnet hatte; und Esau sprach in seinem Herzen: Die Zeit, da man um meinen Vater trauern wird, ist nicht mehr weit; dann will ich meinen Bruder Jakob umbringen!

Da wurden der Rebekka die Worte Esaus, ihres älteren Sohnes, hinterbracht. Und sie schickte hin und ließ Jakob, ihren jüngeren Sohn, rufen und sprach zu ihm: Siehe, dein Bruder Esau will an dir Rache nehmen und dich töten! Und nun gehorche meiner Stimme, mein Sohn: Mache dich auf und flieh zu meinem Bruder Laban, nach Haran, und bleib eine Zeit lang bei ihm, bis sich der Grimm deines Bruders gelegt hat, und bis sich sein Zorn von dir wendet und er vergisst, was du ihm angetan hast; so will ich dann nach dir schicken und dich von dort holen lassen. Warum sollte ich an einem Tag euch beide verlieren?

Und so nahm die Kette von Verwicklungen und Konflikten, aufgrund dieser Vorgänge ihren Lauf. Bei Gelegenheit, revanchierte sich Edom gegenüber den Israeliten, den Nachfahren Jakobs dann wie in **4. Mose 20:14; 17-21** zu lesen:

Die Edomiter verweigern den Durchzug Israels

Danach sandte Mose Boten aus Kadesch zu dem König von Edom: So lässt dir dein Bruder Israel sagen: [...] So lass uns nun durch dein Land ziehen! Wir wollen weder durch Äcker noch durch Weinberge gehen, auch kein Wasser aus den Brunnen trinken. Wir wollen auf der Straße des Königs ziehen und weder zur rechten noch zur linken Seite abweichen, bis wir durch dein Gebiet gezogen sind!

Der Edomiter aber sprach zu ihnen: Du sollst nicht durch mein Land ziehen, sonst werde ich dir mit dem Schwert entgegenziehen! Und die Kinder Israels sprachen zu ihm: Wir wollen auf der gebahnten Straße ziehen, und wenn wir von deinem Wasser trinken, wir und unser Vieh, so wollen wir es bezahlen; wir wollen weiter nichts, als nur zu Fuß hindurchziehen!

Er aber sprach: Du sollst nicht hindurchziehen! Und der Edomiter zog ihnen entgegen mit mächtigem Volk und mit starker Hand. So verweigerte der Edomiter Israel die Erlaubnis, durch sein Gebiet zu ziehen. Und Israel wich ihm aus.

Und es kam sogar zu kriegerischen Auseinandersetzungen zwischen den beiden Völkern, wie in **2. Samuel 8:13-14** berichtet wird**:** *Und David machte sich einen Namen, als er zurückkam; nachdem er die Aramäer geschlagen hatte, 18.000 Mann. Und er legte Besatzungen nach Edom; nach ganz Edom legte er Besatzungen, und alle Edomiter wurden David unterworfen; denn der HERR half David überall, wo er hinzog.*

Und auch die Bücher der Könige berichten von diesen Kriegen. **1. Könige 11:14-16:** *Und der HERR erweckte dem Salomo einen Widersacher, Hadad, den Edomiter, der stammte aus dem Königsgeschlecht von Edom. Es geschah nämlich, als David in Edom war, und als Joab, der Heerführer, hinaufzog, um die Erschlagenen zu begraben, da erschlug er alles, was männlich war in Edom. Denn Joab blieb sechs Monate lang dort mit ganz Israel,* *bis er alles ausgerottet hatte, was in Edom männlich war.*

2. Könige 8:20: *Zu seiner Zeit fielen die Edomiter von der Oberherrschaft Judas ab und setzten einen König über sich. Da zog Jehoram nach Zair und alle Streitwagen mit ihm; und er machte sich auf bei Nacht und schlug die Edomiter, die ihn und die Obersten über die Streitwagen umzingelt hatten, so dass das Volk in seine Zelte floh.*

Dennoch fielen die Edomiter. Zu seiner Zeit fielen die Edomiter von der Oberherrschaft Judas ab und setzten einen König über sich. Da zog Jehoram nach Zair und alle Streitwagen mit ihm; und machte sich auf bei Nacht und schlug die Edomiter, die ihn und die Obersten über die Streitwagen umzingelt hatten, so dass das Volk in seine Zelte floh. Dennoch fielen die Edomiter von der Oberherrschaft Judas ab bis zu diesem Tag.

Auch in der jüngeren Geschichte des 20. Jahrhunderts, finden wir Indizien dafür, dass die Konflikte der Nachfahren Edoms und Jakobs, noch immer weiterbestehen.

Wie z. B. schon im 1. Weltkrieg, als sich das *Osmanische Reich* sich dem Bündnis zwischen *Österreich-Ungarn* mit dem *Deutschen Reich* anschloss, so wird es auch im 3. Weltkrieg wieder auf der Seite *Deutschlands* stehen.

Im frühen 20. Jahrhundert brodelte es in *Europa* und so musste sich auch das *Osmanische Reich* entscheiden, auf welche Seite der beiden Bündnisse es sich stellen sollte. Man entschied sich für die Entente, also das Bündnis aus *Frankreich*, *Russland* und *Großbritannien*. Man bot sich dreimal den *Briten* an, 1908, 1911 und 1913, aber jedes Mal wurde das Angebot abgelehnt. So wendete man sich danach an das *Deutsche Reich* und erhielt schnell die Zusage zur Aufnahme in die Allianz zwischen, *Deutschland*, *Österreich-Ungarn* und *Italien*.

Berlin sandte bereitwillig Truppen und Offiziere ins *Osmanische Reich*, um bei der Restrukturierung des türkischen Militärs zu helfen. Das türkische Militär übernahm so deutsche Taktiken und auch Ausrüstung und wurde zu einer schlagkräftigen Armee. Das *Osmanische Reich* hatte im Gegenzug sein Territorium, welches sich vom Golf von Aden bis zum Roten Meer erstreckte und *Jordanien* sowie den heutigen *Irak* einschloss, und damit den wichtigen Rohstoff Öl zu bieten.

Ebenso seine Gebiete in den Dardanellen sowie die Kontrolle über die Durchfahrtswege am Bosporus zwischen Mittelmeer und Schwarzem Meer. Dies bot die Möglichkeit des direkten Handels und Transportes von Rohstoffen, was wiederum von deutschen Kriegsschiffen abgesichert wurde. Außerdem bot es dem *Deutschen Reich* die Möglichkeit zur Kontrolle der beiden Meere und ermöglichte im Schwarzen Meer Angriffe auf *Russland*.

Diese Beziehungen blieben über den Krieg hinaus bestehen und auch im 2. Weltkrieg erfüllte die *Türkei* eine wichtige Rolle für das *Deutsche Reich*. Zwar verhielt sie sich ebenso wie *Spanien* neutral, aber es belieferte *Deutschland* mit wichtigen Rohstoffen zur Waffenproduktion. *Deutschland* stellte erneut die benötigten logistischen Ressourcen wie z. B. 100 Lokomotiven und 1.000 Transporter. Ohne diese Lieferungen aus der *Türkei*, wäre *Nazideutschland* gar nicht in der Lage gewesen, seine Militärmaschinerie zu unterhalten.

In diesem Verhältnis gibt es eine lange Geschichte von Verrat. Und so wie sich auch die antiken Verwicklungen zwischen *Assyrien* und dem ‚Haus Israel', in der Neuzeit wiederholt haben, so wird es auch diesem Falle geschehen. Die *Türkei* wird den Nato-Partner *USA* verraten und sich auf die Seite *Deutschlands* stellen. Dieses Bündnis bietet sich auch an, denn schließlich ist auch ‚Assur' ein Feind des ‚Hauses Israel'.

Deshalb wird sie wie im **Psalm 83** geschrieben, auch dem Zugriff, des ‚König des Nordens' entrinnen. Lesen sie dazu in **Obadja 1:10-11:**

Edoms Schuld: Die Grausamkeit gegen sein Brudervolk Israel

Wegen der Grausamkeit gegen deinen Bruder Jakob soll dich Schande bedecken, und du sollst auf ewig ausgerottet werden! An jenem Tag, als du dabeistandest, an dem Tag, da Fremde sein Hab und Gut wegführten und Ausländer zu seinen Toren einzogen und das Los über Jerusalem warfen, da warst du auch wie einer von ihnen!

Diese Verse beziehen sich auf die Verschwörung in der Endzeit gegen das ‚Haus Israel'. Die *Türkei,* wird auf der Seite der ‚Vereinigten Staaten von Europa' stehen, aber nicht wirklich zum Club gehören, als vollwertiges Mitglied. Das meint der letzte Halbsatz „da warst du einer von ihnen." Das spielt wohl auf den Schwebestatus der *Türkei* bzgl. der Aufnahme in die EU an.

Die Ismaeliter

Die Geschichte zwischen *Israel* und *Ismael*, also den *Arabern*, ist ebenfalls seit der Antike konfliktreich.

Ismael, der Stammvater der späteren *Araber*, war ein Bruder *Israels*. Hierzu einige Verse aus dem Buch **Genesis 16:11-16**: *Weiter sprach der Engel des HERRN zu ihr: Siehe, du bist schwanger und wirst einen Sohn gebären, dem sollst du den Namen Ismael geben, weil der HERR dein Jammern erhört hat. Er wird ein wilder Mensch sein, seine Hand gegen jedermann und jedermanns Hand gegen ihn; und er wird allen seinen Brüdern trotzig gegenüberstehen. Und Hagar gebar Abram einen Sohn; und Abram gab seinem Sohn, den ihm Hagar geboren hatte, den Namen Ismael. Und Abram war 86 Jahre alt, als Hagar ihm den Ismael gebar.*

Das Wort *Ismael* bedeutet ‚Gott erhört'. *Ismael* war unehelich geboren und damit für Gott, nicht legitim als Besitzer des *gelobten* Landes. Dies wurde stattdessen *Jakobs* Sohn *Isaack* (Haus Israel) gegeben. Dies ist auch der Grund für Hass und Krieg zwischen *Juden* und *Arabern*. Dies sagt uns der Prophet **Nehemia 4:1-2**: *Und es geschah, als Sanballat und Tobija und die Araber, die Ammoniter und die Asdoditer hörten, dass die Wiederherstellung der Mauer von Jerusalem fortschritt und dass die Lücken sich zu schließen begannen, da wurden sie sehr zornig, und sie verschworen sich alle miteinander, dass sie kommen und gegen Jerusalem kämpfen und Verwirrung anrichten wollten.*

Saudi-Arabien hat Israel bis heute nicht anerkannt und unterhält keine diplomatischen Beziehungen zu ihm. Stattdessen unterstützt es die Palästinser in ihrem Kampf gegen den Staat der Juden.

Hier noch einige Bibelverse die ebenfalls belegen, das die Araber in der Bibel erwähnt sind, z. B. im Buch des Propheten **Jeremia 3:1**, in welchen Gott sein Volk mit den Arabern vergleicht: *Und er spricht: »Wenn ein Mann seine Frau verstößt und sie ihn verlässt und einem anderen Mann zu Eigen wird, darf er wieder zu ihr zurückkehren? Würde nicht ein solches Land dadurch entweiht? Du aber hast mit vielen Liebhabern gehurt; doch kehre wieder zu mir zurück!« spricht der HERR. 2 Erhebe deine Augen zu den Höhen und schau: Wo hast du* *dich nicht schänden lassen? An den Wegen sitzend, hast du auf sie gewartet wie ein Araber in der Wüste, und du hast das Land entweiht durch deine Hurerei und deine Bosheit! 3 Deshalb blieben die Regenschauer aus und kein Spätregen fiel; aber du hattest die Stirn eines Hurenweibes und wolltest dich nicht schämen. 4 Hast du nicht eben jetzt angefangen, mir zuzurufen: »Mein Vater, der Freund meiner Jugend bist du! 5 Sollte er ewiglich grollen, für immer zürnen?« — Siehe, so hast du gesprochen und dabei Böses getan und es durchgesetzt!*

Das Buch **Richter 8:24** lässt ein typisches Merkmal der Araber erkennen: *Und Gideon sprach zu ihnen: Eins erbitte ich von euch: Gebt mir jeder die Ohrringe, die er erbeutet hat! Denn weil sie Ismaeliter waren, hatten sie goldene Ohrringe.*

Moab und Ammon

Sowohl bei *Moab*, wie auch *Ammon*, handelt es sich um die antiken Vorfahren der heutigen *Jordanier*.

Auch dieses Verhältnis zwischen *Israel* und *Moab* und *Ammon* ist konfliktbeladen und es wurde ebenso Krieg geführt. Hiervon berichtet das Alte Testament, in mehreren Büchern. Wie bereits gesagt, handelt es sich bei *Moab* und *Ammon* die Söhne *Lots*, das sagt uns das Buch **Genesis 19:36-38:**

So wurden die beiden Töchter Lots schwanger von ihrem Vater. Und die Ältere gebar einen Sohn, den nannte sie Moab; der wurde der Vater der heutigen Moabiter. Und die Jüngere gebar auch einen Sohn, den nannte sie Ben-Ammi; der wurde der Vater der heutigen Ammoniter.

Moab

Sehen wir uns nun zuerst Moab, angefangen im Buch **Richter 3:12-14** an: *Ehud besiegt Moab*

Und die Kinder Israels taten wieder, was böse war in den Augen des HERRN. Da stärkte der HERR

Eglon, den König der Moabiter, gegen Israel, weil sie taten, was in den Augen des HERRN böse war. Und er sammelte um sich die Ammoniter und die Amalekiter und zog hin und schlug Israel und nahm die Palmenstadt ein. Und die Kinder Israels dienten Eglon, dem König von Moab, 18 Jahre lang.

Auch die beiden Bücher Samuels berichten von solchen kriegerischen Begebenheiten:

1. Sam 12:9: *Aber sie vergaßen den HERRN, ihren Gott, und er verkaufte sie unter die Hand Siseras, des Heerführers von Hazor, und unter die Hand der Philister und unter die Hand des Königs von Moab; die kämpften gegen sie.*

1. Sam 14:47-48: *Als aber Saul die Herrschaft über Israel bekommen hatte, kämpfte er gegen alle seine Feinde ringsumher, gegen die Moabiter, gegen die Ammoniter, gegen die Edomiter, gegen die Könige von Zoba und gegen die Philister; und wohin er sich wandte, da war er siegreich. Und er vollbrachte tapfere Taten und schlug Amalek und errettete Israel aus der Hand derer, die sie beraubten.*

2. Sam 8:2: *Er schlug auch die Moabiter und maß sie mit der Messschnur; er legte sie auf die Erde, und je zwei Schnurlängen maß er ab, um [die Betreffenden] zu töten, und eine volle Schnurlänge,* *um sie am Leben zu lassen. So wurden die Moabiter David untertan und entrichteten ihm Tribut.*

Das **2. Buch der Könige** berichtet in Kapitel **3:4-27** von König Joram von Israel und seinem Sieg über die Moabiter: *Mesa aber, der König der Moabiter, war ein Schafzüchter und entrichtete dem König von Israel 100.000 Lämmer und 100.000 Widder samt der Wolle als Abgabe. Und es geschah, als Ahab tot war, da fiel der König der Moabiter von dem König von Israel ab.*

Zu jener Zeit zog der König Joram von Samaria aus und musterte ganz Israel; und er ging hin und sandte zu Josaphat, dem König von Juda, und ließ ihm sagen: Der König der Moabiter ist von mir abgefallen! Willst du mit mir kommen, um gegen die Moabiter in den Kampf zu ziehen? Und er sprach: Ich will hinaufkommen! Ich will sein wie du, mein Volk soll sein wie dein Volk, und meine Pferde wie deine Pferde! [...]

Als aber ganz Moab hörte, dass die Könige heraufgezogen waren, um gegen sie zu kämpfen, da wurden alle aufgeboten, die alt genug waren, um das Schwert umzugürten; und sie besetzten die Grenze. [...]

Als sie aber zum Lager Israels kamen, da mach-

ten sich die Israeliten auf und schlugen die Moabiter, dass sie vor ihnen flohen. Jene aber drangen ins Land ein und schlugen Moab. Und sie rissen die Städte nieder und warfen jeder seinen Stein auf alle guten Äcker, bis sie voll waren, und verstopften alle Wasserquellen und fällten alle guten Bäume, bis nur noch Kir-Hareset mit seiner Steinmauer übrig blieb. Und die Schleuderer umzingelten und beschossen es.

Als aber der König der Moabiter sah, dass ihm der Kampf zu stark wurde, nahm er 700 Mann mit sich, die das Schwert zogen, um gegen den König von Edom durchzubrechen; aber sie konnten es nicht. Da nahm er seinen erstgeborenen Sohn, der an seiner Stelle König werden sollte, und opferte ihn als Brandopfer auf der Mauer. Und es kam ein großer Zorn über Israel, so dass sie von ihm abzogen und wieder in ihr Land zurückkehrten.

Und das Buch **Zefphanja 2:8-10**, hat ebenfalls etwas zu Moab und Ammon zu berichten: *Ich habe die Beschimpfung Moabs gehört und die Lästerungen der Ammoniter, womit sie mein Volk geschmäht und sich gegen ihr Gebiet gerühmt haben. Darum, so wahr ich lebe, spricht der HERR der Heerscharen, der Gott Israels: Moab soll gewisslich* *wie Sodom werden und die Ammoniter wie Gomorra, nämlich ein Besitz der Nesseln und eine Salzgrube und eine ewige Wüste. Der Überrest meines Volkes soll sie berauben und der Rest meiner Nation sie beerben. Dies soll ihnen für ihren Hochmut zuteil werden, dass sie gelästert haben und groß getan gegen das Volk des HERRN der Heerscharen.*

Ammon

Und auch noch kurz zu den Ammonitern, beginnend im 5. Mose Deuteronomium:

Deut 2: 16-19: *Und es geschah, als alle Kriegsleute aus dem Volk aufgerieben und gestorben waren, da redete der HERR zu mir und sprach: Du wirst heute die Grenze der Moabiter bei Ar überschreiten, und du wirst nahe zu den Ammonitern kommen; die sollst du nicht angreifen, noch einen Krieg mit ihnen beginnen, denn ich will dir von dem Land der Ammoniter keinen Besitz geben; denn ich habe es den Kindern Lots als Besitztum gegeben.*

Deut 23:4 4: *Kein Ammoniter oder Moabiter soll in die Gemeinde des HERRN kommen; auch die zehnte Generation ihrer Nachkommen soll nicht in die Gemeinde des HERRN kommen auf ewig, weil sie euch nicht mit Brot und Wasser entgegenkamen* *auf dem Weg, als ihr aus Ägypten gezogen seid, und dazu Bileam, den Sohn Beaors, aus Petor in Aram-Naharajim gegen euch in Lohn genommen haben, damit er dich verfluche.*

Das Buch **Samuel Kapitel 11**, berichtet von König Saul und seinem Sieg über die Ammoniter:

Saul schlägt die Ammoniter bei Jabes-Gilead

Und Nahas, der Ammoniter, zog herauf und belagerte Jabes in Gilead. Da sprachen alle Männer von Jabes zu Nahas: Schließe einen Bund mit uns, so wollen wir dir dienen! Aber Nahas, der Ammoniter, antwortete ihnen: Unter dieser Bedingung will ich mit euch einen Bund schließen, dass ich euch allen das rechte Auge aussteche und damit auf ganz Israel Schmach bringe! Da sprachen die Ältesten von Jabes zu ihm: Gib uns sieben Tage Frist, dass wir Boten senden in das ganze Gebiet Israels. Wenn es dann niemand gibt, der uns rettet, so wollen wir zu dir hinausgehen! [...]

Und sie sprachen zu den Boten, die gekommen waren: So sollt ihr zu den Männern von Jabes in Gilead sagen: Morgen soll euch Rettung zuteil werden, wenn die Sonne am heißesten scheint! Als die Boten kamen und dies den Männern von Jabes verkündigten, da wurden sie froh.

Und es geschah am anderen Morgen, da stellte Saul das Volk in drei Abteilungen auf, und sie drangen um die Morgenwache ins [feindliche] Lager und schlugen die Ammoniter, bis der Tag am heißesten war; die übrig Gebliebenen aber wurden so versprengt, dass nicht zwei von ihnen beieinander blieben.

Das **2. Buch Samuel 10:1**, beschreibt den Krieg gegen die Ammoniter und Aramäer: *Und danach geschah es, dass der König der Ammoniter starb, und sein Sohn Hanun wurde König an seiner Stelle. Da sprach David: Ich will Güte erweisen an Hanun, dem Sohn des Nahas, wie sein Vater an mir Güte erwiesen hat!*

Da sandte David [Boten] hin, um ihn durch seine Knechte zu trösten wegen seines Vaters. Als aber die Knechte Davids in das Land der Ammoniter kamen, da sprachen die Fürsten der Ammoniter zu ihrem Herrn Hanun: Meinst du, dass David deinen Vater vor deinen Augen ehren will, wenn er Tröster zu dir gesandt hat?

Und auch im Buch **Nehemia Kapitel 13**, werden nochmals Moab und Ammon erwähnt: *Zu jener Zeit wurde vor den Ohren des Volkes im Buch Moses gelesen und darin geschrieben gefunden, dass kein*

Ammoniter und Moabiter in die Gemeinde Gottes kommen sollte ewiglich, weil sie den Kindern Israels nicht mit Brot und Wasser entgegengekommen waren, sondern den Bileam gegen sie anwarben, damit er sie verfluche; aber unser Gott verwandelte den Fluch in Segen.

Jordanien war an allen drei arabisch-israelischen Kriegen aktiv beteiligt und wird auch in Zukunft gegen das Haus Israel wie den Stamm Juda kämpfen.

Die Hagariter

Das Wort *Hagariter* geht zurück auf *Hagar*, die Mutter von *Ismael*.

Ebenso bezieht sich auch Aram auf die antiken Vorfahren der heutigen Syrer. Die *Hagariter* werden im **1. Buch der Chronik Kapitel 5** erwähnt: *Und in den Tagen Sauls führten sie Krieg mit den Hagaritern, und diese fielen durch ihre Hand, und so wohnen sie in deren Zelten auf der ganzen Ostseite von Gilead. [...]*

Bei den Söhnen Rubens und den Gaditern und dem halben Stamm Manasse waren 44.760 tapfere Leute, die mit dem Heer auszogen, [...] die führten Krieg mit den Hagaritern und mit Jetur und Naphisch und Noab.

Und es wurde ihnen geholfen gegen sie, und die Haariter und alle, die mit ihnen waren, wurden in ihre Hand gegeben; denn sie riefen im Kampf zu Gott, und er ließ sich von ihnen erbitten, weil sie auf ihn vertrauten. [...]

Über die Aramäer finden wir etwas im 2**. Buch Samuel 8:3-13:** Davids siegreiche Feldzüge

David schlug auch Hadad-Eser, den Sohn Rechobs, den König von Zoba, als er hinzog, um seine Macht am [Euphrat-]Strom wiederherzustellen. Und David nahm von ihnen 1.700 Reiter und 20.000 Mann Fußvolk gefangen; und David lähmte alle Wagenpferde; aber 100 Wagenpferde behielt er übrig.

5 Und die Aramäer von Damaskus kamen Hadad-Eser, dem König von Zoba, zu Hilfe. Aber David erschlug von den Aramäern 22.000 Mann, und er legte Besatzungen in Aram von Damaskus, so daß die Aramäer David untertan wurden und ihm Tribut entrichteten; denn der Herr half David überall, wo er hinzog. [...]

Und er hatte silberne, goldene und eherne Geräte bei sich. Auch diese heiligte der König David dem Herrn, samt dem Silber und Gold, das er dem Herrn von allen Völkern, die er sich unterwarf, geheiligt hatte: von Aram, von Moab, von den Ammonitern, von den Philistern, von Amalek und von der Beute Hadad-Esers, des Sohnes Rechobs, des Königs von Zoba. Und David machte sich einen Namen, als er zurückkam; nachdem er die Aramäer geschlagen hatte, im Salztal, 18.000 Mann.

Und in **2. Samuel 10:6-19** wird vom Krieg gegen die Ammoniter und Aramäer berichtet.

Als aber die Ammoniter sahen, daß sie sich bei David verhaßt gemacht hatten, sandten sie hin und warben die Aramäer von Beth-Rechob an und die Aramäer von Zoba, 20 000 Mann Fußvolk, und von dem König von Maacha 1.000 Mann, dazu 12.000 Mann von Tob. 7 Als David dies hörte, sandte er Joab mit dem ganzen Heer, die Helden.

Die Ammoniter waren ausgezogen und rüsteten sich zum Kampf vor dem Stadttor. Die Aramäer von Zoba und Rechob aber und die Männer von Tob und von Maacha standen für sich auf dem Schlachtfeld. Als nun Joab sah, daß ihm von vorn und hinten ein Angriff droht, traf er eine Auswahl unter der Mannschaft in Israel und stellte sich gegen die Aramäer auf.

Das übrige Volk aber übergab er dem Befehl seines Bruders Abisai, damit er sich gegen die Ammoniter aufstellte, und er sprach: Wenn die Aramäer mir überlegen sind, so komm mir zu Hilfe; wenn aber die Ammoniter dir überlegen sind, so will ich dir zu Hilfe kommen. [...]

Und Joab rückte mit dem Volk, das bei ihm war, zum Kampf gegen die Aramäer vor, und die Aramäer flohen vor ihm. Als aber die Ammoniter sahen, daß die Aramäer flohen, flohen auch sie vor

Abisai und zogen sich in die Stadt zurück. So kehrte Joab um von den Ammonitern und kam nach Jerusalem. Als aber die Aramäer sahen, daß sie von Israel geschlagen worden waren, kamen sie zusammen.

Und Hadad-Eser sandte hin und ließ die Aramäer von jenseits des Stromes ausziehen, und sie kamen nach Helam; und Sobach, der Heerführer Hadad-Esers, zog vor ihnen her. Als dies David berichtet wurde, versammelte er ganz Israel und zog über den Jordan und kam nach Helam; und die Aramäer stellten sich gegen David und kämpften mit ihm.

Aber die Aramäer flohen vor Israel. Und David tötete von den Aramäern 700 Wagenkämpfer und 40.000 Reiter; dazu schlug er Sobach, ihren Heerführer, so daß er dort starb. Als aber alle Könige, die Hadad-Eser untertan waren, sahen, daß sie von Israel geschlagen waren, machten sie Frieden mit Israel und wurden ihnen dienstbar. Und die Aramäer fürchteten sich, den Ammonitern weiterhin zu helfen.

Syrien war wie Jordanien ebenfalls in alle Kriege der Araber gegen den Staat Israel involviert. Es gibt bis heute keinen Friedensvertrag. Und hier ist eine relativ aktuelle Meldung bzgl. Syrien und seinem Verhältnis zu den deutschsprachigen Nationen interessant. ‚Die Welt' schrieb am 5. Oktober 2013:

Assad: Deutschland könnte Vermittlerrolle zukommen

Der syrische Präsident *Baschar al-Assad* hab in einem Interview mit dem ‚Spiegel' auf eine Frage des Nachrichtenmagazins für eine mögliche Vermittlerrolle *Deutschlands* geantwortet. „Ich würde mich freuen, wenn Gesandte aus Deutschland nach *Damaskus* kämen, um mit uns über die wahren Verhältnisse zu sprechen [...] Sie können dann hier Überzeugungsarbeit leisten", sagte *Assad*. „Wenn sie mit uns reden, heißt das *nicht*, dass sie unsere Regierung unterstützen." *Deutschland* und *Österreich* hätten ‚noch den objektivsten Blick' auf die Geschehnisse in der Region.

Wie aufschlussreich, dass *Assad* ausgerechnet auf *Assur*, also *Deutschland* und *Österreich* Bezug nimmt - so ein Zufall aber auch ...

Das bisherige Bündnis mit dem Iran ist zweckmäßiger Natur, denn der *schiitische Gottesstaat*, passt überhaupt nicht zum *säkularen Baath-Regime* in Syrien. Es wird also noch einen überraschenden Seitenwechsel Syriens geben. Dieser wird um die Zeit des Krieges zwischen den Königen des Nordens und des Südens (s. entsprechendes Kapitel) stattfinden.

Gebal und Tyrus

Bei *Gebal* und *Tyrus* handelt es sich um die antiken Vorfahren der heutigen *Libanesen*.

Das lässt sich sehr gut an der Erwähnung der für den Libanon typischen Zedern, erkennen. Diese befindet sich sogar auf der Flagge des Landes. **Esra 3:7:** *Sie gaben aber den Steinmetzen und Zimmerleuten Geld und den Leuten von Zidon und Tyrus Speise, Trank und Öl, dass sie Zedernholz vom Libanon auf dem Meer nach Japho brächten, wie es ihnen Kyrus, der König von Persien, erlaubt hatte.*

Ebenso erwähnt im Buch **Samuel 5:11:** *Und Hiram, der König von Tyrus, sandte Boten zu David und Zedernstämme und Zimmerleute und Maurer, und sie bauten David ein Haus.*

Auch als es um die Vorbereitungen zum Bau des Tempels ging, spielte dieser Baum eine Rolle in **1. Könige 5:15-20:** *Und Hiram, der König von Tyrus, sandte seine Knechte zu Salomo, denn er hatte gehört, dass man ihn an Stelle seines Vaters zum König gesalbt hatte; Hiram war nämlich allezeit ein Freund Davids gewesen. Und Salomo sandte zu Hi-*

ram und ließ ihm sagen: Du weißt, dass mein Vater David dem Namen des HERRN, seines Gottes, kein Haus bauen konnte wegen der Kriege, in die [seine Feinde] ihn verwickelten, bis der HERR sie unter seine Fußsohlen legte.

Nun aber hat mir der HERR, mein Gott, ringsum Ruhe verschafft, so dass kein Widersacher noch ein bösartiger Angriff mehr [zu erwarten] ist. Siehe, nun gedenke ich dem Namen des HERRN, meines Gottes, ein Haus zu bauen, so wie der HERR zu meinem Vater David geredet hat, indem er sprach: Dein Sohn, den ich an deiner Stelle auf den Thron setzen werde, der soll meinem Namen ein Haus bauen! So gebiete nun, dass man mir Zedern vom Libanon haut; und meine Knechte sollen mit deinen Knechten sein, und den Lohn deiner Knechte will ich dir geben, so viel du verlangst; denn dir ist bekannt, dass niemand unter uns ist, der Holz zu hauen versteht wie die Zidonier!

Dieses in antiker Zeit, zur Abwechslung mal unbelastete Verhältnis, zwischen *Israeliten* sowie *Gebal* und *Tyrus*, hat sich mit der Staatsgründung *Israels* allerdings, von Seite des Libanons aus, in Feindschaft gewandelt. Die *Hisbollah*, d. h. schiitische Partei Allahs, verfolgt ebenso wie die *Palästi-*

neserorganisation PLO und Hamas, ganz unverhohlen die Vernichtung des Judenstaates.

Amalek und das Philisterland

Die heutigen Palästinenser, gehen auf Amalek und das Philisterland zurück.

Auch in diesem Verhältnis, wimmelt es nur so von Feinseligkeit, Krieg und Unterdrückung. Bereits die Bücher Mose berichten von Krieg zwischen Israel und Amalek.

2. Mose 17:8-14 Israels Kampf gegen Amalek

Da kam Amalek und kämpfte gegen Israel in Rephiim. Und Mose sprach zu Josuaa: Erwähle uns Mäner und zieh aus, kämpfe gegen Amalek! Morgen will ich auf der Spitze des Hügels stehen, mit dem Stab Gottes in meiner Hand. Und Josua machte es so, wie Mose ihm sagte, und er kämpfte gegen Amalek. Mose aber und Aaron und Hur stiegen auf die Spize des Hügels.

Und es geschah, solange Mose seine Hand aufhob, hatte Israel die Oberhand; wenn er aber seine Hand sinken ließ, hatte Amalek die Oberhand. Aber die Hände Moses wurden schwer, darum nahmen sie einen Stein und legten den unter ihn, und er setzte sich darauf. Aaron aber und Hur stützten seine Hände, auf jeder Seite einer. So blieben seine Hände fest, bis die Sonne unterging. Und Josua überwältigte Amalek und sein Volk mit der Schärfe des Schwertes. Da sprach der HERR zu Mose: Schreibe das zum Gedenken in ein Buch und präge es den Ohren Josuas ein: Ich will das Andenken Amaleks ganz und gar austilgen unter dem Himmel!

Das **1. Buch der Chroniken**, berichtet in **Kapitel 18:1-2** über die Siege des Königs David:

Und danach geschah es, dass David die Philister schlug und sie demütigte; und er entriss Gat und seine Tochterstädte der Hand der Philister. Auch schlug er die Moabiter, so dass die Moabiter David untertan wurden und ihm Tribut ablieferten.

Zuvor war aber Israel bereits von den Philistern und Ammonitern unterworfen worden, wie es das **Buch Richter 10:6-9** berichtet: Israel wird den Philistern und Ammonitern unterworfen

Aber die Kinder Israels taten wieder, was in den Augen des HERRN böse war, und dienten den Baalen und Astarten und den Göttern der Aramäer und den Göttern der Zidonier und den Göttern der Moabiter und den Göttern der Ammoniter und den Göttern der Philister; und sie verließen den HERRN und dienten ihm nicht. Da entbrannte der Zorn des

HERRN über Israel, und er verkaufte sie unter die Hand der Philister und der Ammoniter. Und diese zerschlugen und unterdrückten die Kinder Israels in jenem Jahr und danach 18 Jahre lang, alle Kinder Israels jenseits des Jordan im Land der Amoriter, in Gilead. Dazu zogen die Ammoniter über den Jordan und kämpften auch gegen Juda und gegen Benjamin und gegen das Haus Ephraim, so dass Israel sehr in Bedrängnis kam.

Die Bücher Samuels berichten sehr viel, über die Auseinandersetzungen zwischen Israel und den Philistern, so z. B. in **1. Samuel Kapitel 4**, wie die Philister Israel besiegen und die Bundeslade rauben:

Und das Wort Samuels erging an ganz Israel. Und Israel zog aus in den Kampf, den Philistern entgegen, und lagerte sich bei Eben-Eser; die Philister aber hatten sich bei Aphek gelagert. Und die Philister stellten sich in Schlachtordnung auf gegen Israel. Als aber der Kampf sich ausbreitete, wurde Israel von den Philistern geschlagen; und sie erschlugen in den Schlachtreihen im Feld etwa 4.000 Mann. [...]

Da kämpften die Philister, und Israel wurde geschlagen, und jeder floh in sein Zelt; und die Nie-

derlage war sehr groß, da aus Israel 30.000 Mann Fußvolk fielen. Und die Lade Gottes wurde weggenommen, und die beiden Söhne Elis, Hophni und Pinehas, kamen um.

1. Sam 14:20 Jonathans Sieg über die Philister

Und Saul und das ganze Volk, das bei ihm war, wurden aufgeboten, und als sie zum Kampf hinzukamen, siehe, da war das Schwert eines jeden [Philisters] gegen den anderen; es herrschte die größte Verwirrung. Auch die Hebräer, die zuvor bei den Philistern gewesen und mit ihnen von ringsumher ins Lager hinaufgezogen waren, wandten sich zu den Israeliten, die mit Saul und Jonathan waren. Auch alle Männer von Israel, die sich auf dem Bergland Ephraim verkrochen hatten, hörten, dass die Philister flohen, und sie setzten jenen im Kampf nach. So rettete der HERR an jenem Tag Israel; und der Kampf wogte bis Beth-Awen hinüber.

2. Samuel 5:17-25 Doppelter Sieg Davids über die Philister

Als aber die Philister hörten, dass man David zum König über Israel gesalbt hatte, da zogen sie alle herauf, um David herauszufordern. Als David dies erfuhr, zog er zur Bergfeste hinab. Die Philister aber waren gekommen und breiteten sich aus im

Tal der Rephaiter. Und David befragte den HERRN und sprach: Soll ich gegen die Philister hinaufziehen? Und willst du sie in meine Hand geben? Und der HERR sprach zu David: Ziehe hinauf, denn ich werde die Philister gewiss in deine Hand geben! Und David kam nach Baal-Perazim; und David schlug sie dort und sprach: Der HERR hat meine Feinde vor mir zerrissen, wie das Wasser einen Damm zerreißt! Daher nannte man jenen Ort Baal-Perazim. [...]

Aber die Philister zogen nochmals herauf und breiteten sich aus im Tal der Rephaiter. Und David befragte den HERRN. Da sprach er: Ziehe nicht hinauf, sondern umgehe sie und falle ihnen in den Rücken, dass du von den Balsambäumen her an sie herankommst. Und wenn du in den Wipfeln der Balsambäume das Geräusch eines Einherschreitens hören wirst, dann beeile dich; denn dann ist der HERR vor dir hergezogen, um das Heer der Philister zu schlagen! Und David machte es so, wie es der HERR ihm geboten hatte, und er schlug die Philister von Geba an bis man nach Geser kommt.

2. Samuel 21:15-22 Letzte Kämpfe mit den Philistern

Es erhob sich aber wieder ein Krieg der Philister

gegen Israel. David zog hinab und seine Knechte mit ihm, und sie kämpften gegen die Philister; David aber wurde müde. [...] Damals schworen die Männer Davids ihm und sprachen: Du sollst nicht mehr mit uns zum Krieg ausziehen, damit du die Leuchte Israels nicht auslöschst! Und danach kam es nochmals zum Krieg mit den Philistern bei Gob. Da erschlug Sibechai, der Huschatiter, den Soph, der auch einer von den Söhnen Raphas war. Und es erhob sich noch ein Kampf mit den Philistern bei Gob.

Nach dieser antiken Vorgeschichte, sollten einen die heutigen Kämpfe zwischen Palästinensern und dem Staat Israel nicht mehr verwundern, das hat sozusagen Tradition.

Assur bzw. Assyrien

Assyrien bedeutet ‚Land von Assur', aber zu dem bedeutet ‚Assur' auch, Stärke' oder ‚Kraft'.

‚Assur' kann sich in der Bibel auch auf Krieger beziehen, aber auch auf die Nachfahren, und das gesamte Reich von *Assyrien*. In **1. Mose 10:21-22** finden wir, dass der Mann *Assur*, ein Sohn *Sems* und damit ein Enkel *Noahs* war. *Assur* war somit semitischen Ursprungs.

Die Geschichte berichtet, dass die *Assyrer* eine gewaltige und Krieg führende Nation waren. Sie waren für ihre perfekte Organisation und ihre äußerst gut funktionierende Kriegsmaschinerie berühmt, aber auch für ihre Grausamkeit und Unbarmherzigkeit gegenüber den Gegnern.

Interessant ist auch, das Aussehen der *Assyrer*. Die *Griechen* unterschieden die *Assyrer* von den dunkleren Aramäern oder Syrern, indem sie diese ‚Leucosyri', d.h. ‚weiß' bzw. ‚blond', nannten, wie alte griechische Schriften bezeugen.

Im Jahre 612 v. Chr. fiel die Hauptstadt *Ninive*, im heutigen Irak, in babylonische Hände und wurde total zerstört. Das Buch *Jona* warnt vor der Zerstörung *Ninives*, die aber aufgrund der Reue der *Assyrer*, zunächst noch nicht eintrat. Doch später verfielen die *Assyrer* wieder in ihre alten Werke, so dass Nahum, in seinem Buch, von der seiner endgültigen Zerstörung berichtet.

Einige *Assyrer* blieben in ihrem Land, dem heutigen *Irak*. Andere *Assyrer* wanderten nach Osten, dem heutigen *Iran*, aus. Aber der Großteil aller Assyrer, verließ den Orient und zog zunächst in Richtung *Kaukasus*, zwischen schwarzen und kaspischen Meer. Wieder später, dann von dort aus durch Georgien, die *Ukraine* und *Polen* bis weiter ins Gebiet des heutigen *Deutschland* und *Österreichs*.

Zunächst blieben sie aber noch für viele Jahre, immer noch an der Südküste des Schwarzen Meeres ansässig. Dies berichtet Herodotus, der sie im Jahre 480 v. Chr. auf Seite der Perser gegen die heranstürmenden Griechen kämpfen sah. Nach der verheerenden Niederlage der Perser, setzte eine große Migrationswelle der Assyrer von der Südküste zur Nordküste des Schwarzen Meeres ein.

Diese Gegend war als Skythien bekannt. Da man sie fortan als Skythen bezeichnete, ging man wohl davon aus, dass sie schon immer hier ansässig waren und so ging das Wissen um ihre originäre Identität verloren. Für Griechen und Römer, war Skythien eine Gegend jenseits der Zivilisation, die überwiegend aus Steppe bestand. Von diesen beiden Völkern wurden die dort Lebenden einfach als Skythen bezeichnet.

Allerdings lebten dort nicht nur die emigrierten Assyrer, die nun zu Kaukasiern wurden (daher die ethnische Kategorie für Menschen weißer Hautfarbe), sondern auch mongolische Stämme. Diese Unterscheidung fand jedoch in der Praxis keine Verwertung, man nannte sie einfach alle Skythen. Es ist davon auszugehen, dass die ebenfalls extrem kriegerischen, mongolischen Stämme und die Sarmaten, den Assyrern überlegen waren und ihnen das Land streitig machten. Diese sahen sich wohl dazu gezwungen, wiederum weit westwärts zu ziehen, bis ins Herz Europas. Und im 3. Jahrhundert v. Chr. kamen sie dort an, wo sich heute Deutschland und Österreich befinden.

Als diese Stämme, bislang als Skythen bezeichnet immer öfter in kriegerische Konflikt mit den Römern gerieten, gab man ihnen einen neuen Namen: Germanen – Männer des Krieges. Und bevor der deutsche Rationalismus an den Akademien eingeführt worden war und die biblischen Aufzeichnungen verworfen wurden, war man sich der Tatsache, dass die Germanen aus der Kaukasusregion eingewandert waren auch noch bewusst.

Die Germanen, Vorfahren u. a. auch der *Deutschen*, verehrten *heidnische* Götter. Ihr Hauptgott war ‚Tieu', der Gott des Krieges, auch besser als ‚Thor' bekannt. Hier könnte es sich um den Gott *Assur* handeln. In alten Handschriften wird Assur oft mit ‚Thur' bezeichnet, und *Assyrien* als ‚Athuria'.

Im Artikel ‚Germania' aus ‚Schmidts Klassisches Wörterbuch' steht: „Es gibt keinen Zweifel, dass sie [die Germanen] nach *Europa* einwanderten, und zwar vom *Kaukasus* aus sowie den Ländern entlang des Schwarzen und Kaspischen Meeres." Nachfahren *Assurs* sind z.B. die *Almani*. Schon die *Römer* bezeichneten einen germanischen Stamm mit ‚Allemanni', und noch heute wird *Deutschland* im Spanischen ‚Alemania', und im Französischen ‚Allemagne' genannt.

Der Sprachforscher *Edgar Sturtevant* hat die assyrische mit der germanischen Sprache verglichen und schreibt in seinem Buch ‚Vergleichende Grammatik': „Mir erscheint es unglaubhaft, dass sich beide Sprachen unabhängig voneinander entwickelt haben sollen. Ich bin gezwungen, das Germanische auf einen gemeinsamen Ursprung mit der Sprache der Hatti zurückzuführen, der allgemeinen Sprache der westlichen Assyrer."

An dieser Stelle sei erwähnt, dass das Wort Germanen sich nicht ausschließlich auf Deutsche bezieht. Es gab insgesamt zehn germanische Stämme, von denen nur einer deutsch wurde, und das waren die *Allemannen*. Die beiden deutschsprachigen Nationen *Deutschland* und *Österreich* gehen auf diesen Germanenstamm zurück. Die *Schweiz*, die auch *französisch-* und *italienischsprachige* Regionen hat, geht hingegen auf den Stamm der *Burgunder* zurück.

Die Sprache der *Hatti* war indogermanisch und nicht semitisch. Viele Worte der *Hatti* findet man auch in der alt-hochdeutschen Sprache wieder. Aber wer waren die *Hatti*? Im Lande der *Hethiter*, den Nachfahren *Kanaans*, lebten auch *Assyrer*. Die *Hethiter* hatten eine braune, gelbliche oder rötliche Haut, mit braunen Augen und schwarzen Haaren. Im Vergleich dazu waren die *Assyrer*, blond oder weiß. Der Name ‚Hatti' oder ‚Chatti' wurde auf *Hethiter* als auch auf *Assyrer* angewandt. Das Wort ‚Heth', und das Wort ‚Chatti' bedeuten dasselbe:

‚Krieger'. Das Wort ‚Germane' hat die gleiche Bedeutung: ‚ger' ist der ‚Speer', und ein ‚Germane' somit ein Mann mit Speer bzw. Mann des Krieges.

„Erbarmen, zu spät die Hesse komme!" Dieser Refrain aus dem Song ‚Die Hesse komme', von den *Rodgau Monotones*, ist zwar humoristisch gemeint, aber es gibt doch, wie so oft, einen wahren Kern, wie Sie im Folgenden sehen werden.

In der ‚Encyclopedia Britannica' steht, dass die *Hatti* ein Stamm unter den *Germanen* waren, die in *Europa* einfielen. In einem Artikel über die ‚Chatti' wird berichtet, dass sie ein *germanischer* Stamm waren, der oft mit den *Römern* in Konflikt geriet. Es sind nicht alle Germanen Deutsche, aber die frühen Einwohner des Landes [Deutschland] waren die *Chatti*, die hier während des ersten Jahrhunderts lebten. Die *Chatti* und die modernen *Hessen* sind identisch, sowohl von der Sprache als auch von der Rasse her.

In dem Buch ‚The Germans: Double History of a Nation', ist folgendes zu lesen: „Die Römer nannten sie Germani wegen ihrer wilden, kriegerischen Natur. Nicht ein einziger Nachbar der Germanen", schrieb *Emil Ludwig*, „konnte ihnen jemals vertrauen, dass sie friedlich blieben. Egal wie glücklich ihr

Befinden auch war, ihre ruhelose Leidenschaft würde sie zu immer extremeren Ansprüchen beflügeln".

Die *Hatti* erfanden den Ausdruck ‚Herrenrasse'. Sie erfanden ebenso den *doppelköpfigen* Adler, das *eiserne Kreuz* und das *Hakenkreuz*. Auf antiken Abbildungen werden *Assyrer* mit Federschmuck und anderen Abzeichen dargestellt, die im D*ritten Reich* als Embleme auftauchen, wie das Hakenkreuz und die Doktrin der Herrenrasse, und die damit verbundene Barbarei während der Nazi-Herrschaft.

Die Reichskriegsflagge des dritten Reiches, enthält sogar alle Kreuze in einem: das summerische Kreuz, die Swastika bzw. Hakenkreuz und das eiserne Kreuz. Letzteres gab es ebenfalls schon vor Hitler und ist noch heute das Symbol der Bundeswehr. Diese Symbole tauchten also nicht zufällig in unseren Breitengraden auf und haben ihren antiken Ursprung bei den Assyrern und Chatti.

Dies ist keine große Überraschung mehr, wenn man die Geschichte der *Assyrer* kennt. Denn auch diese waren, wegen ihrer Kriegslust und Grausamkeit bei den sie umgebenden Völkern, gefürchtet und verhasst. *James McCabe*, Autor von ‚History of the World' sagt: [...] „dass die *Assyrer* eine wilde, heimtückische Rasse waren, die sich an den Gefahren der Jagd und des Krieges erfreuten. Die *assyrischen* Truppen waren bekannt unter den gefürchteten Kriegern des Altertums. [...] Sie hielten niemals ihr gegebenes Wort, wenn es in ihrem Interesse lag, Verträge zu brechen, und wurden infolge dessen von ihren Nachbarn mit Argwohn betrachtet". [...] „In der Organisation und Ausrüstung ihrer Truppen, sowie in ihrem Angriffs- und Verteidigungssystem und in ihrer Methode, befestigte Orte einzunehmen, bewiesen die *Assyrer* eine klare Überlegenheit gegenüber den Nationen, von denen sie umgeben waren."

Die Fahne des ‚Heiligen Römischen Reiches Deutscher Nation', gelber Grund mit schwarzem Doppelkopfadler, mit roten Greifen und Schnabel, auf welche unsere Nationalfarben zurück gehen, ist keine Flagge einer demokratischen, sondern einer imperialen Tradition. Und last but not least, geht die Taktik des Blitzkrieges, der seitdem 2. Weltkrieg in aller Munde ist, ebenfalls auf die Assyrer zurück.

M.H. Gayer verfasste 1941 das Buch mit dem Titel ‚Das Erbe der anglosächsischen Rasse'. Dort lesen wir: „Es ist bemerkenswert, dass die Deutschen, Nachfahren der Einwanderer sind, die ursprünglich aus Asien kamen, und zwar aus dem Gebiet, das das Assyrische Reich war." In dem Buch „Warum?" von R. Cox wird die Auffassung vertreten, dass die herrschende Klasse der Preußen ebenfalls von den alten Assyrern abstammt.

Leonard Catrell schrieb in seinem Buch ‚Anvil of Civilisation': „In all den Annalen der menschlichen Eroberung ist es schwierig, ein Volk zu finden, das sich dem Blutvergießen und Morden mehr gewidmet hat als die *Assyrer*. Ihre Wildheit und Grausamkeit haben wenige Parallelen, außer in der heutigen Zeit". Mit der *heutigen Zeit* ist natürlich das 19. und 20. Jahrhundert gemeint.

Wie sehr sich die Charakteristika und Verhaltensmerkmale der antiken Assyrer und der Deutschen, besonders der Preußen, aber auch in gewisser Weise, der Österreichischer gleichen, können Sie meinem Buch Assyrien - ‚Das Werk der Hände Gottes' entnehmen.

Auch über die Verwicklungen und Krieg zwischen *Israel* bzw. *Juda* und *Assyrien*, finden wir viel in der Bibel. Es beginnt im Buch **Genesis** mit der Erwähnung von *Assur*, einem Sohn von *Sem*.

Genesis 10:1-22 Die Nachkommenschaft der drei Söhne Noahs

Dies ist die Geschichte der Söhne Noahs: Sem,

Ham und Japhet; und nach der Sintflut wurden ihnen Söhne geboren. [...] 21 Auch Sem wurden Kinder geboren, ihm, dem Vatera aller Söhne Hebers, dem älteren Bruder Japhets. 22 Die Söhne Sems waren Elam, Assur, Arpakschad, Lud und Aram.

Assur wurde der Stammvater der Assyrer und deren Reich, wurde ebenfalls nach diesem Namen benannt.

2. Könige 15:17-21: *Im neununddreißigsten Jahr Asarjas, des Königs von Juda, wurde Menachem, der Sohn Gadis, König über Israel, [und er regierte] 10 Jahre lang in Samaria. Und er tat, was böse war in den Augen des HERRN; er ließ sein Leben lang nicht von den Sünden, zu denen Jerobeam, der Sohn Nebats, Israel verführt hatte. Und Pulb, der König von Assyrien, kam in das Land. Und Menachem gab Pul 1.000 Talente Silber, damit er ihm Beistand gewährte und ihm das Königreich bestätigte.*

Und Menachem erhob das Geld von Israel, von allen begüterten Leuten, 50 Schekel Silber von jedem Mann, um es dem König von Assyrien zu geben. So zog der König von Assyrien wieder heim und blieb nicht dort im Land.

2. Könige 16:7-9: *Ahas aber sandte Boten zu*

Tiglat-Pileser, dem König von Assyrien, und ließ ihm sagen: Ich bin dein Knecht und dein Sohn; komm herauf und errette mich aus der Hand des Königs von Aram und aus der Hand des Königs von Israel, die sich gegen mich aufgemacht haben!

Und Ahas nahm das Silber und das Gold, das sich im Haus des HERRN und in den Schätzen des königlichen Hauses vorfand, und sandte es dem König von Assyrien als Geschenk. Und der König von Assyrien hörte auf ihn. Und der König von Assyrien zog herauf nach Damaskus und nahm es ein und führte die Leute gefangen nach Kir und tötete Rezin.

2. Könige 18:7-37: *Und der HERR war mit ihm; und überall, wo er hinzog, hatte er Gelingen. Er fiel auch ab von dem König von Assyrien und diente ihm nicht. [...] Es geschah aber im vierten Jahr des Königs Hiskia — das war das siebte Jahr Hoseas, des Sohnes Elas, des Königs von Israel —, da zog Salmanassar, der König von Assyrien, gegen Samaria herauf und belagerte es. Und er eroberte es nach drei Jahren; im sechsten Jahr Hiskias — das ist das neunte Jahr Hoseas, des Königs von Israel — wurde Samaria eingenommen. Und der König von Assyrien führte Israel nach Assyrien hinweg* *und siedelte sie in Halach und am Habor, dem Fluss Gosans, und in den Städten der Meder an. weil sie der Stimme des HERRN, ihres Gottes, nicht gehorcht und seinen Bund gebrochen hatten, alles, was Mose, der Knecht des HERRN, gebot; sie hatten nicht darauf gehört und es nicht getan.*

Sanheribs Feldzug gegen Juda

Aber im vierzehnten Jahr des Königs Hiskia zog Sanherib, der König von Assyrien, gegen alle festen Städte Judas herauf und nahm sie ein. Da sandte Hiskia, der König von Juda, [Boten] zum König von Assyrien nach Lachis und ließ ihm sagen: Ich habe mich versündigt! Ziehe ab von mir; was du mir auferlegst, das will ich tragen! Da legte der König von Assyrien Hiskia, dem König von Juda, 300 Talente Silber und 30 Talente Gold auf. Und Hiskia gab ihm alles Silber, das sich im Haus des HERRN und in den Schätzen des königlichen Hauses vorfand.

Zu jener Zeit ließ Hiskia, der König von Juda, das [Gold] abschneiden von den Türen an der Tempelhalle des HERRN und von den Pfosten, die er selbst hatte überziehen lassen, und gab es dem König von Assyrien.

Sanherib bedroht Jerusalem und verhöhnt den HERRN

Und der Rabschake trat vor und rief mit lauter Stimme auf judäisch, redete und sprach: Hört das Wort des großen Königs, des Königs von Assyrien! So spricht der König: Lasst euch von Hiskia nicht verführen, denn er kann euch nicht aus seiner Hand erretten! Lasst euch von Hiskia auch nicht auf den HERRN vertrösten, wenn er sagt: »Der HERR wird uns gewiss erretten, und diese Stadt wird nicht in die Hand des Königs von Assyrien gegeben werden«!

Hört nicht auf Hiskia! Denn so spricht der König von Assyrien: Macht Frieden mit mir und kommt zu mir heraus, so soll jedermann von seinem Weinstock und von seinem Feigenbaum essen und das Wasser seines Brunnens trinken, bis ich komme und euch in ein Land führe, das eurem Land gleich ist; ein Land voll Korn und Most, ein Land voll Brot und Weinbergen, ein Land voll Ölbäumen und Honig; so werdet ihr am Leben bleiben und nicht sterben.

Hört nicht auf Hiskia; denn er verführt euch, wenn er sagt: »Der HERR wird uns erretten!« Hat etwa irgendeiner von den Göttern der Heidenvölker sein Land aus der Hand des Königs von Assyrien erretten können? [...] Wen gibt es unter allen Göttern der Länder, der sein Land aus meiner Hand errettet hätte, dass der HERR Jerusalem aus meiner Hand erretten sollte?

2. Könige 19:5-7: *Als nun die Knechte des Königs Hiskia zu Jesaja kamen, da sprach Jesaja zu ihnen: So sollt ihr zu eurem Herrn sprechen: So spricht der HERR: »Fürchte dich nicht vor den Worten, die du gehört hast, mit denen die Knechte des Königs von Assyrien mich gelästert haben! Siehe, ich will ihm einen Geist eingeben, dass er ein Gerücht hören und wieder in sein Land ziehen wird; und ich will ihn in seinem Land durch das Schwert fällen!«*

2. Könige 19:32-36 Darum, so spricht der HERR über den König von Assyrien: Er soll nicht in diese Stadt hineinkommen und keinen Pfeil hin einschießen und mit keinem Schild gegen sie anrücken und keinen Wall gegen sie aufwerfen.

Auf dem Weg, auf dem er gekommen ist, soll er wieder zurückkehren, aber in diese Stadt soll er nicht eindringen; der HERR sagt es! Denn ich will diese Stadt beschirmen, um sie zu erretten um meinetwillen und um meines Knechtes David willen!

Und es geschah in derselben Nacht, da ging der Engel des HERRN aus und erschlug im Lager der Assyrer 185.000 Mann. Und als man am Morgen früh aufstand, siehe, da waren diese alle tot, lauter Leichen. Da brach Sanherib, der König von Assyrien, auf und zog fort, und er kehrte heim und blieb in Ninive.

Die Könige des Nordens und Südens

Die Bibel berichtet vom Krieg zwischen zwei Königen, zur Zeit des Endes, also in unserer Zeit.

Der vermessene König zur Zeit des Endes

Und der König wird tun, was ihm beliebt, und wird sich erheben und grosstun gegen jeglichen Gott, und er wird gegen den Gott der Götter unerhörte Worte ausstoßen, und es wird ihm gelingen, bis der Zorn vorüber ist; denn was beschlossen ist, wird ausgeführt werden. Er wird sich auch nicht um die Götter seiner Väter kümmern, noch um den Lieblingsgott der Frauen, überhaupt um gar keinen Gott, sondern gegen alle wird er groß tun.

Stattdessen wird er den Gott der Festungen verehren; diesen Gott, den seine Väter nicht kannten, wird er verehren mit Gold und Silber, mit Edelsteinen und Kleinodien. Und er wird gegen die starken Festungen vorgehen mit einem fremden Gott. Wer diesen anerkennt, dem wird er große Ehre erweisen, und er wird ihnen Gewalt geben über viele und zur Belohnung Ländereien unter sie verteilen.

Hier erhalten wir nun eine detaillierte Beschreibung des Königs des Nordens:

- er wird tun was er beliebt,
- sich gegen den höchsten Gott erheben,
- er schert sich nicht um die Götter anderer,
- sein Gott wird ein Kriegsgott sein,
- er wird gegen andere Krieg führen und
- die welche ihm ergeben sind an der Macht teilhaben lassen.

Es handelt sich beim ‚König des Nordens' um den letzten Herrscher des ‚Heiligen Römischen Reiches'. Das hängt mit der Prophezeiung aus **Daniel 2** zusammen, wo gesagt wird, dass die zehn Zehen die Könige repräsentieren, die vor der Wiederkehr Jesu herrschen und von ihm vernichtet werden. Auch wird es zu einer Vereinigung von Kirche und Staat kommen.

Die Lage im *Nahen Osten* wird sich zuspitzen und *Europa* insbesondere *Deutschland* wird von Israel um Hilfe gebeten werden. Es werden *europäische* Truppen nach *Israel* eingeladen werden. Das geht aus folgendem Bibelvers hervor **Lukas 21:20:**

Wenn ihr aber sehen werdet, dass Jerusalem von einem Heer belagert wird, dann erkennt, dass seine Verwüstung nahe herbeigekommen ist.

Aber trotz Anwesenheit der europäischen Truppen, wird es wohl zu kriegerischen Auseinandersetzungen kommen, wie wir in **Daniel 11:40** lesen:

„Zur Zeit des Endes aber wird der König des Südens mit ihm zusammenstoßen. Da wird dann der König des Nordens mit Wagen, Reitern und vielen Schiffen auf ihn losstürmen, in die Länder eindringen und sie überschwemmen und überfluten".

Und der ‚König des Nordens' wird fette Beute machen: **11:41-43:** Er wird auch in das herrliche Land kommen, und viele werden unterliegen. Diese aber werden seiner Hand entfliehen: *Edom*, *Moab* und die Vornehmsten der *Ammoniter*. Er wird auch seine Hand nach den Ländern ausstrecken, und das Land Ägypten wird nicht entfliehen; sondern er wird sich der Gold- und Silberschätze und aller Kostbarkeiten Ägyptens bemächtigen; auch werden Lubier und Kuschiten zu seinem Gefolge gehören.

Was für Konflikte gibt es in der Gegenwart zwischen der nördlichen und südlichen Hemisphäre? Natürlich den zwischen dem christlichen Westen und den radikalislamischen Staaten im Nahen und Mittleren Osten, sowie den zwischen Israel und seinen Nachbarn.

Durch den zunächst als ‚arabischen Frühling' bezeichneten Wandel in Nordafrika, der sich jedoch inzwischen eher als ‚arabischer Winter' entpuppt hat, wurde die geopolitische Situation deutlich verändert. Und wenn Sie sich mal ansehen, mit wem die dadurch an die Macht gekommenen, radikalen Muslime, bilaterale Bande geknüpft haben, nämlich mit dem Iran, dann kennen sie auch den ‚König des Südens'. Genau wie der ‚König des Nordens' – Deutschland - sein Imperium mit anderen Staaten schmiedet, so macht das der Iran in gewisser Weise auch. Auch wenn er keine Föderation herbeiführen wird, wie in Europa. Zudem ist der Islam eine kriegerische Religion und erhebt den Anspruch auf weltweite Ausbreitung und Herrschaft.

Durch das dilettantische Operieren der USA im Irak, hat er diesen, aufgrund der überwiegend schiitischen Bevölkerung, bereits unter Kontrolle gebracht. Nachdem Sturz Mubaraks und der Machtübernahme durch die Muslimbrüderschaft hat Präsident Mursi sich ebenso mit dem Iran verbündet, wie das Regime in Libyen nach dem Sturz Gaddafis. Und auch in Äthiopien und dem laut Bibel dazu gehörenden Eritrea, sind islamische Regime an der Macht, mit Kontakten nach Teheran.

Alle Länder in Nord- und Ostafrika, welche unter

einem islamischen Regime stehen oder wo dies angestrebt wird, liegen am Golf von Aden, dem roten Meer und dem Mittelmeer. Dies sind wichtige, internationale Seefahrtswege, und sollte der Iran die Kontrolle darüber bekommen, könnte er zusammen mit den beträchtlichen Ölvorkommen im eigenen Land und dem Irak, den Westen enorm unter Druck setzen, indem er diese Durchfahrtswege blockiert.

Es war Ende Februar oder Anfang März 2011, als der Iran, zum ersten mal seit der iranischen Revolution 1979, sich gewagt hat zwei Kriegsschiffe durch das rote Meer ins Mittelmeer zu entsenden. Das war mindestens eine Demonstration wenn nicht sogar eine Provokation.

Und wer hat hier als einziger etwas unternommen? Genau, es war wieder einmal ‚Good, old Germany'. Unter dem Deckmantel deutsche Staatsbürger aus Libyen zu evakuieren, sendete Deutschland, kurz darauf drei Kriegsschiffe ins Mittelmeer. Wenn sie bedenken worum es ging, nämlich um 160 Personen, das hätte man mit einer Maschine der Luftwaffe schneller und günstiger erledigen können, als mit drei Kriegsschiffen mit insgesamt 600 Mann Besatzung.

Diese Tatsache erklärt dann wohl auch, warum

und an welche Staaten Deutschland in ungeheure Menge Waffen verkauft, oder sogar Fabriken zur Waffenproduktion errichtet hat. Ebenso die Teilnahme an der UNIFIL-Mission vor der israelisch-libanesischen Küste und die Leitung der EU-Operation ‚Atalanta' im Golf von Aden. Aber Deutschland ist auch darüber hinaus, in Afrika militärisch präsent. Zwar nicht in großer Anzahl, aber doch gezielt in den Regionen, wo der radikale Islam aufflackert.

So z. B. in Mali zusammen mit den Franzosen und im Sudan, Südsudan, Somalia und Somaliland, so ein Zufall aber auch ... Und wohin im Nahen Osten liefert Deutschland die Unmengen an Kriegsgerät? Es handelt sich um folgende Länder:

* 6 U-Boote der Dolphin Klasse (aktuell die Besten in der Welt) an Israel,
* zwischen 600-700 Leopard 2 Panzer (einer der besten der Welt) an Saudi-Arabien,
* 36 Leopard 2 Panzer an,
* 1200 Fuchs Panzerfahrzeuge an Algerien,
* 72 Eurofighter Typhoon an Saudi-Arabien,
* 60 Eurofighter an die Vereinigten Arabischen Emirate
* 2 Fregatten an Algerien und
* 2 offensive U-Boote an Ägypten (vor Umsturz)

Darüber hinaus an den Nato-Partner Türkei:

* knapp 700 Leopard 2 Panzer und 700 andere gepanzerte Transportfahrzeuge,
* 300 Raketenabwehrstellungen, 200 Bodenra dareinheiten und
* 8 Fregatten, 15 U-Boote und 2 Versorgungs schiffe.

Außerdem hat Deutschland Fabriken zur Produktion von Kriegsgerät in Algerien (Fuchs-Panzer), Saudi-Arabien (Maschinengewehre) und in den Vereinigten Arabischen Emiraten (Munition) gebaut. In Algerien geht es wohl darum, das Regime vor einem Sturz zu bewahren oder eventuell sogar vor einem Angriff aus Libyen. Und Saudi-Arabien und die Emirate sind zwar ebenfalls islamisch regiert, jedoch von Sunniten und somit stehen diese in Opposition zum schiitischen Iran.

Eventuell ist das schon die Zeit in der alle Welt wie in der Offenbarung 13:4 verkündet staunen wird: [...] Wer ist dem Tier gleich? Wer vermag mit ihm zu kämpfen?

Der ‚König des Nordens' wird also mit dem des Südens zusammenstoßen und ihn bezwingen. Und obwohl er ins gelobte Land kommt und arabische Nationen besiegt, werden ihm einige entrinnen und andere nicht. Dass liegt daran, dass die arabischen staaten sunnitischen Glaubens, mit Deutschland verbündet sind.

Nach diesem letzten Kreuzzug, wird es einige Jahre Frieden geben, denn genau dadurch wird er, der ‚König des Nordens' sich einen großen Namen machen und viele verführen. Dies steht in **Daniel 9:25-27**: *Und durch seine Klugheit wird ihm der Betrug geraten, und er wird sich in seinem Herzen erheben, und mitten im Frieden wird er viele verderben und wird sich auflehnen wider den Fürsten aller Fürsten; aber er wird ohne Hand zerbrochen werden.*

Er wird sich also zunächst wohl mit einem Friedensabkommen im *Nahen Osten* einen guten Namen machen. Viele werden ihm dadurch vertrauen, auf ihn hoffen und völlig falsch einschätzen. Denn es geht noch weiter in **Daniel 9:27**: *Und er wird mit den Vielen einen festen Bund schließen eine Woche lang; und in der Mitte der Woche wird er Schlacht- und Speisopfer aufhören lassen [...]*

Wer die Regeln für die Zeitdeutung der biblischen Prophetie kennt, weiß dass eine Woche hier, sieben Jahre bedeutet. Er wird diesen Bund also nach dreieinhalb Jahren brechen.

Danach wird er blitzschnell und völlig unerwartet gegen das gesamte ‚Haus Israel' losschlagen. Denn von da an spielen die englischsprachigen Nationen, nach der Bibel, keine Rolle mehr in der Welt.

Daniel 11:44: *Aber Gerüchte aus dem Osten und Norden werden ihn erschrecken; daher wird er in großer Wut aufbrechen, um viele zu verderben und zu vertilgen.*

Eventuell macht er sich Sorgen, dass eine Allianz fernostasiatischer Staaten, ihm zuvor kommen könnte, bei der Vernichtung des ‚Hauses Israel'. Denn auch in Japan und China, wie auch in Russland, ist man die USA leid. Sollten z. B. eine solche Koalition ihm zuvor kommen, dann wäre sein Imperium, auf beiden Seiten von einem danach noch mächtigeren, asiatischen Block, quasi umzingelt.

Status quo und Zukunft

Das heutige - scheinbar - freundschaftliche Verhältnis, zwischen *Deutschland*, dem *Staat* Israel, den *USA* und *Großbritannien und dessen Commonwealthstaaten*, wird sich laut Bibel ändern.

Dann wenn diese Staaten, bei den modernen *Assyrern* Hilfe suchen werden, und überrascht feststellen, dass *Assyrien*, gar kein Interesse am helfen hat, ganz im Gegenteil.

In **Hosea 5:9-14,** wird das vergebliche Unterfangen der Israeliten und Juden, zum Zeitpunkt göttlicher Strafe, Hilfe bei menschlichen Mächten (*Assur*) erlangen zu wollen geschildert: *Ephraim soll zur Wüste werden, zur Zeit, wenn ich sie strafen werde. Davor habe ich die Stämme Israels treulich gewarnt. Die Oberen von Juda sind denen gleich, welche die Grenze verrücken; darum will ich meinen Zorn über sie ausschütten wie Wasser. Ephraim leidet Gewalt, zertreten ist das Recht; denn es gefiel ihm, dem Nichtigen nachzulaufen.*

Ich bin für Ephraim wie eine Motte und für das Haus Juda wie eine Made. Als aber Ephraim seine

Krankheit und Juda seine Wunde fühlte, zog Ephraim hin nach Assur und schickte zum König Jareb. Aber der kann euch nicht helfen noch eure Wunde heilen. Denn ich bin für Ephraim wie ein Löwe und für das Haus Juda wie ein junger Löwe. Ich, ich zerreiße und gehe davon; ich schleppe sie weg, und niemand kann sie retten.

Ein weiterer Weltkrieg ist prophezeit indem, die *Deutschen* mit Ihrem zuvor geschmiedeten Imperium den ‚Vereinigten Staaten von Europa', gegen die *USA*, *Kanada*, *Großbritannien*, *Australien* und *Neuseeland* und Israel kämpfen werden.

Hesekiel 23: 5-10: *Ohola [Hauptstadt des Hauses Israel im Altertum] trieb Hurerei hinter meinem Rücken und entbrannte für ihre Liebhaber, für die Assyrer, die zu ihr kamen [...] Und sie buhlte mit ihnen, lauter auserlesenen Söhnen Assurs, und bei allen, für die sie entbrannte, machte sie sich auch unrein mit ihren Götzen [...]*

Da übergab ich sie in die Hand ihrer Liebhaber, der Söhne Assurs, für die sie entbrannt war. Die deckten ihre Blöße auf und nahmen ihre Söhne und Töchter weg; sie selbst aber töteten sie mit dem Schwert, und sie wurde zum Gespött unter den Frauen. So vollzogen sie das Gericht an ihr.

Jesaja 8: 6-8: *[...] so wird der HERR über sie [Juda] kommen lassen die starken und vielen Wasser des Stromes, nämlich den König von Assyrien und alle seine Macht, dass sie über alle ihre Ränder fluten und über alle ihre Ufer gehen. Und sie werden einbrechen in Juda und wegschwemmen und überfluten, bis sie an den Hals reichen. Und sie werden ihre Flügel ausbreiten, dass sie dein Land, o Immanuel, füllen, so weit es ist.*

Das wir ähnliche Folgen haben, wie schon im 2. Weltkrieg, also Versklavung und Massendeportationen. *Assyrien* - das moderne *Deutschland*, als Führungsmacht der ‚Vereinigten Staaten von Europa', wird in die Gebiete der modernen *Israeliten* und *Juden* einmarschieren, und israelitische wie auch jüdische Kriegsgefangene, werden deportiert werden.

Gott scheint also genau zu wissen, wen er dafür benutzt um sein ungehorsames Volk zu bestrafen. Auch ist es Gott, welcher ein Auge darauf hat, das es alles so kommen wird.

Im Buch **Jesaja 10:5-7** steht hierzu: *Wehe Assyrien, der Rute meines Zorns, der in seiner Hand den Stock meines Grimms trägt! Gegen eine gottlose Nation werde ich ihn senden, und gegen das*

Volk, dem ich zürne, will ihn aufbieten, damit er Beute macht und Raub holt und es zertritt wie Dreck auf der Gasse! Aber er meint es nicht so, und sein Herz denkt nicht so, sondern er nimmt sich vor, Völker umzubringen und auszurotten, und zwar nicht wenige.

Sehen wir uns nun die den aktuellen Status der an der Verschwörung beteiligten Nationen und deren Zielscheibe an. Beginnen werde ich mit dem ‚Haus Israel'.

Ephraim - Großbritannien

Großbritanniens Sonne ist ohne jeden Zweifel bereits untergegangen. Sozialer Verfall, Unruhen, eine der höchsten Staatsverschuldung der Welt, die Kolonien weg und in *Europa* isoliert es sich immer mehr. *Großbritannien* hat z. B. großen Ärger mit der EU in Sachen Eurokrise. Dieser Streit in der EU und die Isolierung *Großbritanniens* ziehen sich nun schon seit einiger Zeit hin. Am 17. November 2011 schrieb der ‚Stern' unter der Überschrift:

Briten im verbalen Tiefflug

Enthusiasmus für Europa, sei in Großbritannien schon immer schwer zu finden gewesen. Aber in den vergangenen Wochen könne man den Eindruck haben, dass die Inselbewohner, lieber gestern als heute, aus der EU austreten würden. Premierminister Cameron hätte sich wenig Handlungsspielraum gelassen und die entschieden antieuropäische Haltung, habe die Briten längst an den Spielfeldrand in Brüssel verbannt.

Aber es ging noch weiter, wie ‚Die Welt' am 18. November schrieb. Sie führt an, dass sich die Stimmung zwischen *Großbritannien* und *Deutschland* verschlechtert habe. So berichtete der ‚Daily Telegraph', unter Berufung auf ein vertrauliches Papier, aus *Berlin*, es gäbe Pläne, eine EU-Finanzbehörde mit großen Befugnissen, aufzubauen.

‚Die Zeit' schrieb bereits am 17. November dazu, dass *Rainer Brüderle* im ‚Tagesspiegel' davor gewarnt habe, dass *Großbritannien* die Rolle eines Trittbrettfahrers in der EU einnehme. In *Berlin* reagiere man zunehmend genervt auf die Vorschläge von der Insel, denn *Großbritannien* habe bis auf Irland, keinem Land während der Eurokrise geholfen. Es werde daher wegen seines Widerstandes gegen eine strengere Finanzmarktregulierung als Teil des Problems angesehen.

Und einen Monat später, kam es dann auch, wie es wohl kommen musste. Die Zeitschrift ‚Focus' schrieb am 9. Dezember zum Gipfel unter der Überschrift:

Merkel und Sarkozy scheitern an Cameron

Der britische Premier habe den Euro-Ländern alles Gute gewünschte, er jedoch, sei glücklich, den Euro nicht zu haben. Bundeskanzlerin Merkel habe sich gelassen gegeben, die Briten wären noch nie beim Euro dabei gewesen, und so sei man mit diesem Zustand ja vertraut, habe sie gesagt. Die Signale, die von der Verweigerungshaltung für die Zukunft der EU ausgehen würden, hielten Kritiker für verheerend.

Abschließend noch ein Fazit des ‚Spiegels' vom 27. Oktober: Der Brüsseler Gipfel-Marathon zementiere die neue Hackordnung der EU. Die Euro-Länder würden voran schreiten, Länder wie Großbritannien blieben hingegen außen vor. Am Abschlussgipfel hätten die Nicht-Euro Chefs nur deshalb teil genommen, weil sie wütend darauf bestanden hätten, an diesem entscheidenden Tag in Brüssel dabei zu sein. Aber sie hätten ihre Meinung zur Krise, nur 90 Minuten lang äußern dürfen, dann hätten sie wieder abreisen müssen. Dieser Trend wird würde sich wohl noch verstärken.

Der britische Ex-Premier John Major, sehe ebenso ein auseinander klaffen. Und wenn die Eurozone näher zusammen rücke, würden die Nicht-Euro-Länder sich auch koordinieren müssen. Es drohe eine Konfrontation. Die wichtigste Äußerung dieses Gipfels sei aber bereits am Sonntag gefallen. Der französische Präsident Sarkozy, hätte Cameron vor versammelter Runde angefahren, seine Meinung zum Euro sei nicht gefragt. Das werde den Briten zwar nicht davon abhalten können, weiter das Krisenmanagement der Deutschen und Franzosen zu kritisieren, aber es zeige doch, woher der Wind künftig wehen werde.

Aber kann *Großbritannien* vielleicht noch auf einige seiner Commonwealthstaaten, wie z. B. *Australien*, hoffen? Soviel kann ich jetzt schon verraten, besser nicht!

Commonwealth - Australien

Von *Australien* hört, sieht und liest man kaum etwas, außer wenn dort ein internationales Tennis-Turnier stattfindet. Aber wir wollen auch ‚Down Under' unter dem Aspekt Segen und Fluch Gottes betrachten.

Die Schlager der australischen Exportwirtschaft, somit eine der Segnungen, sind u. a. Kohle, Uran,

Diamanten, sowie Schwer- und Edelmetalle. Hierbei sind die Hauptabnehmer asiatische Staaten, allen voran *China*, gefolgt von *Japan*, *Russland* und *Indien*.

Bereits im Jahre 1998 erklärte der ehemalige Berater von *Margaret Thatcher*, *Christopher Story*, in der ‚Economic Intelligence Review' vom September: *„dass Australien technisch gesehen pleite sei"*. Seiner Meinung nach leide es an der schlechtest möglichen Kombination von Gründen, nämlich schwacher Wechselkurs, niedrige Warenpreise, ausgehöhlte Devisenvorräte, steigendes Handelsdefizit und zusätzlich ständig wachsender Auslandsverbindlichkeiten.

Ein Jahrzehnt zuvor war *Australien* durch die Einschätzung von Analysten, mit der wirtschaftlichen und finanziellen Entwicklung in *Ostasien* verknüpft. Das führte dazu, dass der *australische* Dollar, gemeinsam mit den asiatischen Währungen auf Talfahrt ging. Er verlor damals um 21 % an Wert gegenüber dem US-Dollar. Die auf Kredit basierende Ökonomie steht der Weltfinanzkrise hilflos gegenüber.

Die australische Wirtschaft reitet auf dem Rücken der Weltwirtschaft und ist bzgl. seiner Handelsgüter abhängig von Nachfrage, hauptsächlich aus *China*. Australiens Spekulation ist, dass steigende Nachfrage und wachsende Wirtschaften in *Ostasien* seine angeschlagene Wirtschaft aus dem Schuldensumpf hilft. Da sollte man in ‚Down Under' mal lieber die *Bibel* rausholen und nachsehen, was Gott zum Thema Verschuldung sagt z. B. in **Psalm 37:21:** *Der Gottlose borgt und zahlt nicht zurück; der Gerechte aber ist barmherzig und gibt!*

Einigen scheint das auch zu dämmern. In der Zeitung ‚Daily Reckoning' vom Februar 2008, fasste *Dan Denning* das Problem *Australiens* in klare Worte: *„Auf Schulden basierender Wohlstand, egal ob in Großbritannien, Amerika oder Australien ist der Weg in den Ruin. Einige Leute sind gerade dabei heraus zu finden, wie weit wir auf diesem Weg bereits voran geschritten sind. Und zwar sehr weit!"*

Wie sieht es außenpolitisch aus? Professor *Ross Babbage*, Berater des australischen Verteidigungsministers, hat sein Land aufgerufen, seine Verteidigungsfähigkeit massiv zu verbessern. Er sagte *„Wir werden uns wahrscheinlich, einer deutlich veränderten Zukunft gegenüber sehen."* Er warnte, dass aller Wahrscheinlichkeit nach, *Australiens* größte Herausforderung in den aufsteigenden *asiatischen*

Mächten, bestehen wird.

Auf die Erfahrung mit den schnell gewachsenen Nationen *China* und *Indien* hinweisend erklärte er: [...] *„Nichts desto weniger, bei all den unzähligen Unsicherheiten, wird es notwendig sein, dass die australischen Sicherheitsplaner darauf einstellen müssen, das Australien zukünftig unter Giganten wandle, von denen einige nicht freundlich gesinnt sein dürften."*

Seit der Bedrohung einer japanischen Invasion im zweiten Weltkrieg, hat sich die Nation weitgehend auf den großen Bruder *USA* verlassen, wenn es darum ging seine Sicherheit im pazifischen Raum zu gewährleisten. Die Lücke der australischen Verteidigungspolitik wurde offenkundig, während der Unruhen in *Ost-Timor*, vor gut 10 Jahren, in welche *Australien* involviert war. Die Luftwaffe und Marine erwies sich als nicht in der Lage, die benötigte Ausrüstung dorthin zu befördern. Seitdem ist der Abstand in der Logistik, Technology und Personal im Vergleich zu den asiatischen Mächten kontinuierlich größer geworden.

Die australische Marine kann die Aufgabe der Küstensicherung von immerhin 60.000 km, ohne die erforderlichen Seestreitkräfte, schlichtweg nicht bewältigen. Gegenwärtig stehen sich zwei Mächte Auge in Auge gegenüber, die wachsende Lücke der sich zurückziehenden US-Marine im Pazifik, zu füllen: *Japan* besitzt eine Marine, welche die zweitgrößte nach der der *USA* ist und *China*, eine Nuklearmacht besitzt die meisten Häfen in dieser Region. Im Auge zu behalten ist ebenso *Indien*, welches massiv am Aufbau seiner Marine arbeitet und *Russland* mit seiner nuklearen Flotte, gar nicht zu erwähnen. Dann ist da noch *Indonesien*, mit einer Marine, die vom Personal her *dreimal* so groß wie die *Australiens* ist.

In Angesicht dessen sollte Notiz genommen werden von einem weiteren Anwärter, der eine Scheibe von *Australien* abbekommen will. Dieser sieht *Australien* als ideales Sprungbrett zur Ausdehnung seiner Interessen in *Südostasien* an, und es handelt sich um *Deutschland*. Wer das nicht glauben kann, lese es auf der Seite ‚German-Foreign-Policy' nach. Dort steht dazu: [...] *für Berlin stellt das Land ein ideales Sprungbrett nach Südostasien dar, wo Berlin seinen Einfluss gegenüber dem verminderten Einfluss der USA und der Großmacht China, ausdehnen wolle.* [...] (Nov. 2003).

So macht sich, wohl überraschender Weise für

Canberra, welches ganz auf *Asien* und insbesondere *China* fixiert ist, im Hintergrund der größte Handelsblock der Welt, die von Deutschland dominierte EU in der australischen Wirtschafts- und Finanzwelt breit, um daraus Nutzen für die eigene Expansionspolitik im Pazifik zu ziehen. Es sieht für die Zukunft wohl danach aus, dass *Australien* sich im Schussfeld zwischen den expandierenden europäischen und asiatischen Blöcken befinden wird.

Manasse - USA

Heute sieht sich *Amerika* in alle nur möglichen Probleme verstrickt, sowohl innen wie auch außenpolitisch. Die *USA* haben, mit dem 2. Weltkrieg, ihren letzten Krieg gewonnen, selbst das kleine *Nordvietnam* hat die Supermacht erfolgreich in Schach gehalten.

Eine Staatsverschuldung von sage und schreibe 16 $ Billionen, wohlgemerkt deutsche, *nicht* amerikanische Billionen. Die Welt beobachtet dies alles, und keiner will mehr die wertlosen Dollars haben. Und so sehen immer mehr Nationen, die Chance sich gegen die *USA* zu erheben, während diese sich immer mehr verschuldet, und in nicht gewinnbaren Kriegen erschöpft.

Die späteren Kriege in *Afghanistan* und *Irak*, kann man nicht als gewonnen betrachten, denn abgesehen davon, dass es den US-Streitkräften gelungen ist, in die Länder einzumarschieren, waren beide Kriege ein Desaster. Und im Fall von *Libyen* waren die *USA* nicht einmal in der Lage selbst einzugreifen, sondern delegierten den Einsatz an ihre Verbündeten. In den Kriegen gegen den *Irak* 2003 und *Libyen* ging es in Wirklichkeit um das Überleben des Dollars als Weltreservewährung.

Denn sowohl *Saddam Hussein* wie auch *Muammar al-Gaddafi* hatten vor, eine Euro-Ölbörse zu eröffnen. Dazu müssen Sie wissen, dass der Dollar durch überhaupt nichts gedeckt und stattdessen an den Ölpreis gekoppelt ist. Jeder, der an der Rohstoffbörse in Amsterdam Öl kaufen will, muss dafür zunächst US-Dollars einkaufen. Das will aber kaum noch jemand, denn der Dollar ist, durch inflationäre Gelddruckerei, inzwischen nicht einmal mehr das Papier wert, auf dem er gedruckt ist.

Zum Libyenkrieg sah, laut ‚Deutscher Welle' vom März 2011, die US-Haltung wie folgt aus: Die amerikanische Außenministerin *Clinton* habe in einem Gespräch mit Kollegen aus der *Türkei*, *Großbritannien* und *Frankreich* klargestellt, dass die *USA* sich aus der Verantwortung zurückziehen wollten und sich die Verbündeten einigen sollten.[...]

Laut dem ‚Spiegel' vom 21. März, sei es so abgelaufen, dass seit dem Wochenende Bomben auf *Libyen* fallen. Doch wie es weiter gehen solle, das wisse niemand. Die Nato zanke über das Kommando, die internationale Kritik an den Luftschlägen nehme zu und die Bundesregierung fühle sich in ihrer Zurückhaltung bestätigt. Nach einer gezielten Strategie sehe das nicht aus – im Gegenteil.

Die *68. UN-Vollversammlung* im September 2013 glich einem Tribunal gegen die *USA*. *Evo Morales*, kolumbianischer Präsident, beschuldigte die *USA* der Finanzierung von Oppositionellen und Terroristen in Ländern an deren Öl sie gelangen wollten. Er forderte auch, dass die *USA* wegen ihrer weltweiten Spionage vor ein internationales Gericht gestellt werden müssten.

Dilma Rousseff, *Brasiliens* Präsidentin, legte *Obama* nahe sich vor der Welt zu entschuldigen. Dieser lehnte dies jedoch ab und hielt eine Lobrede auf die amerikanische Einzigartigkeit. Sie bescheinigte der UN auch Legitimationsdefizite.

In einem Artikel der Zeitung ‚Junge Welt' vom 27. September 2013, stand zusammengefasst, unter der Überschrift: **Lateinamerikas Präsidenten machen UN-Vollversammlung zum Tribunal gegen US-Aggressionen**

Regierungschefs aus Lateinamerika hätten die UN-Vollversammlung in New York als Bühne zur Vorstellung ihrer Alternativen genutzt. Die Präsidenten von Argentinien, Bolivien, Brasilien, Uruguay hätten in der Generaldebatte Reformen der UNO gefordert und die Spionageaktivitäten der USA angeprangert.

„Wie kann die UNO weiterhin ihren Sitz in einem Land haben, das sie ausspioniert, die Souveränität ihrer Mitglieder nicht respektiert und seit Jahren – wie im Fall der Blockade gegen Kuba – ihre Beschlüsse missachtet", habe Morales in die Runde gefragt.

Zum Auftakt der alljährlichen Generalversammlung, hätte Brasiliens Präsidentin Dilma Rousseff, vor den Delegierten aus 193 Mitgliedsstaaten, die Spionagepraxis der US-Geheimdienste gegeißelt. Die Gemeinschaft der Völker dürfe eine derartige „Verletzung des Völkerrechts und die Missachtung der Souveränität unabhängiger Staaten nicht hinnehmen", sagte sie und forderte von den USA eine Entschuldigung sowie eine Vereinbarung zum Ver-

bot derartiger Spionageaktionen. Ebenso hätten viele Staatschefs, angesichts der wiederholten Missachtung internationaler Rechtsnormen durch die USA gefordert, den UNO-Sitz in ein Land zu verlegen, das die Souveränität aller Mitglieder respektiere.

Zeitgleich verschlechtert sich auch das *deutsch-amerikanische Verhältnis* rapide. Und die *USA* selbst, ermutigen ihre zukünftigen Feinde auch noch zu ihrem tun, wie ein Artikel der ‚New York Times' vom 22. Juni 2011 berichtete.

Darin wird gesagt, das amerikanische Politiker, *Europa* regelmäßig dazu aufrufen, mehr Geld in die Verteidigung zu investieren, und das obwohl das *gesamteuropäische* Budget mit 380 Mrd. Dollar nahe am Verteidigungsbudget der *USA*, nach dem 11. September ist. [...]

Europa hat bereits mehr Soldaten als die *USA*, *Deutschland* ist der drittgrößte Waffenexporteur der Welt und alles was es tun muss um diese für Europa zu nutzen, ist einfach über Nacht aufhören diese Waffen zu verkaufen. Es hat außerdem das größte stehende Heer in der EU und hat die *Bundeswehr* von der Wehrpflicht auf eine Berufsarmee umgestellt.

Wer das nicht glaubt, kann sich davon auf der Seite ‚globalfirepower.com' überzeugen. Rechnen sie einfach alle Daten für die europäischen Länder zusammen und vergleichen sie dies mit den Angaben zu den *USA*. Wenn die Europäer alle ihre militärischen Mittel vereinen würden, so würde dies die *USA* bei weitem übertreffen. Es ist nur eine Sache des Willens, des Drucks der Umstände und der Organisation. Mit dem Organisationstalent der Deutschen. wird es kein Problem sein, diese Aufgabe zu meistern.

Es gibt auch Menschen in den *USA*, die erkennen was vor sich geht. Die sagen wie *Stephen Flurry*, bei einer Rede vor Studenten des ‚Armstrong Auditoriums': Sehen Sie sich *Deutschland* heute an, und sehen Sie den Aufstieg aus der Asche des 2. Weltkrieges. Die exportorientierte deutsche Wirtschaft boomt. [...] Das deutsche BIP wächst weiter, aufgrund der beliebten Exportgüter.

[...] US-Präsident *Barack Obama* sagte, auf dem G20-Gipfel in Süd-Korea: *„Wir können nicht eine Situation weiter aufrecht erhalten, in der einige Nationen massive Überschüsse haben."* Und wie hat *Deutschland* auf den Druck der Supermacht reagiert? Es hat ihn einfach verworfen! Und dann begonnen, die *USA* für ihre eigenen Probleme und Sünden, ihre minderwertigen Produkte und ihre massive Staatsverschuldung zu Recht zu weisen.

Es war atemberaubend, wie die deutsche Kanzlerin sagte, dass es nicht angebracht sei, so etwas ins Feld zu führen. Sie sagte: *„In der Aufgabe die vor uns liegt, muss der Maßstab sein, welches Land am wettbewerbsfähigsten ist und nicht der kleinste gemeinsam Nenner."*

Deutschlands Botschaft hätte nicht deutlicher sein können: Wir folgen eurer Führung nicht mehr! [...] Der deutsche Finanzminister *Wolfgang Schäuble* zum letzten Konjunkturpaket: *„Es ist widersprüchlich, wenn die Amerikaner die Chinesen der Manipulation der Wechselkurse beschuldigen, um dann den Dollar durch Geld drucken, künstlich hoch zu halten."*

Amerika druckt einfach immer mehr Geld um seine Schulden zu finanzieren. Nur um den Dollar im Umlauf zu halten und zwar zu viele davon. Währenddessen reduziert *Deutschland* seine Schulden. Es nimmt kurzfristige Opfer in Kauf um sich für eine schwierige Wegstrecke vorzubereiten. Sie bereiten sich auf Dominanz vor. Und die Art und Weise wie sie mit uns reden, zeigt wie stark sie sich bereits wähnen oder gar wirklich sind. Wer hätte sich das vor fünf Jahren vorstellen können? Oder wer hätte sich es überhaupt, jemals vorstellen können?

Zu dem gescheiterten Raketenabwehrschirm in *Osteuropa* war im ‚Spiegel' zu lesen, *„Russland* werde diese Entscheidung weniger als Zugeständnis, sondern als Zeichen der Schwäche werten". ‚Die Welt' meint am selben Tag, „das Problem sei, dass es einige in *Mitteleuropa* enttäuscht hat und die Menschen Angst haben, wieder verkauft zu werden." Die ‚Financial Times Deutschland' schrieb, „dass man daran sehen kann wie riskant Obama's Wette ist, wenn man sieht, wie in Moskau Ende des Raketenschildes gefeiert wurde. In der Sprache der Außenpolitik, hat er Verbündete vor den Kopf gestoßen, die *Tschechei* und *Polen* welche das Storno als Verrat ansehen."

Und nach und nach scheinen weitere Nationen, auf diesen Zug aufzuspringen. Die ‚Jerusalem Post' schrieb im September 2009, dass Jedermann Nein sage, zu Präsident *Obama*, dieser Tage. Aber es ist nicht nur dass sie Nein sagen, sondern auch wie.

Die *Saudis* hätten zweimal Nein gesagt zur Frage der Vorschläge zur Normalisierung der Beziehungen zu *Israel*. Die *Nordkoreaner* hätten Nein gesagt zu

Gesprächen über die Tests von Raketen. *Russland* und *China* blieben beim Nein zu härteren Sanktionen gegen den Iran. Die *Iraner* sagen Nein zu dem Stopp der Urananreicherung. Palästinenserpräsident *Abbas* sage Nein dazu, *Netanjahu* zu treffen, bis *Israel* alle Siedlungsaktivitäten stoppe, und genau dazu sagen die Israelis Nein.

Am 10. Jahrestag des 11. Septembers schrieb der ‚Spiegel', „dass es die Geschichte vom Niedergang der *USA* als Supermacht sei". *Amerika* sei lange im *Irak* in der Falle gewesen, wo der Sieg lang auf sich habe warten lassen und nie ein echter wurde. Es sei nun in *Afghanistan* gefangen, wo ein Sieg nicht mehr möglich scheine. Die *USA* seien ein tief gespaltenes Land, im Krieg mit sich selbst, und hätten sich vom Rest der Welt entfremdet.

Und zur *USA* noch einen letzten, aber wichtigen Punkt. Die *USA* haben ihre ‚Monroe-Doktrin' aufgegeben. Dies verkündete US-Außenminister *Kerry*, am 18. November 2013. Die 200 Jahre alte Monroe-Doktrin besagte, dass jeder Versuch europäischer Mächte, sich in der Hemisphäre des amerikanischen Kontinents auszubreiten, als Kriegserklärung gegen die *USA* zu werten sei. Der Geist dieser Doktrin, wurde vom ehemaligen Verteidigungsminister *Caspar Weinberger* entwickelt und besagt, dass keine Einmischung, Sponsoring oder militärische Aktivitäten anderer in dieser Hemisphäre zu dulden sei.

In dieser Angelegenheit, gab es im letzten Jahrhundert Spannungen mit dem *Deutschen Reich*. Es ging um die ‚Venezuela-Krise' vom Dezember 1902. Damals blockierten *Deutschland*, *Italien* und *Großbritannien Venezuela*, um so die Rückzahlung von Schulden zu erzwingen.

US-Präsident *Roosevelt* wusste, dass die *Briten* die Doktrin respektieren würden, aber war argwöhnisch gegenüber den *Deutschen*. Denn Admiral *Tirpitz* verlangte sogar nach Marinebasen in der Karibik. Und so ließ *Roosevelt* ein groß angelegtes Marinemanöver durchführen. Obwohl das *Deutsche Reich* die damalige Navy hätte bezwingen können, wich es zurück, weil es seine Flotte als nicht gut genug vorbereitet erachtete. Aber ob *Deutschland* sich diese sich nun bietende Chance entgehen lassen wird ...

Juda - Israel

Und wie steht es um die Zukunft des Staates *Israel*? Wie wird sich das deutsch-israelische Verhältnis entwickeln? Die schwedische Zeitung ‚The Local' schrieb dazu am 23 Mai 2012, dass die große Mehrheit der Deutschen, Israel als aggressiv ansehe und meint, *Deutschland* hätte nicht länger spezielle Verpflichtungen gegenüber der jüdischen Nation. Eine Umfrage habe gezeigt, dass

- 59 % aller Befragten *Israel* als aggressiv ansehen,
- 70 % meinten, dass *Israel* seine Interessen verfolgt, ohne sich mit anderen Nationen zu beraten und
- 60 % sind der Auffassung, das *Deutschland* keine besonderen Verpflichtungen *Israel* gegenüber, mehr habe.

‚Deutsche Welle' schreibt zu diesem Thema am 26. Mai, dass zwar die deutsche Kanzlerin die Sicherheit Israels als nationales Interesse *Deutschlands* betrachtet, *aber* die deutsche Bevölkerung, hat das bereits vor langer Zeit abgelegt. Israel hat stark an Respekt unter den Deutschen verloren.

„Freundschaft zwischen *Deutschland* und *Israel* existiere nicht", bemerkte der Historiker *Michael Wolfsohn* sachlich. „Ein Empfinden von Distanz sei zwischen den Nationen erwachsen, klar erwiesen in Umfragen", bemerkte er bei einer Podiumsdiskussion in *Berlin*. „Israel ist inzwischen einer der unpopulärsten Staaten in der Welt, in den Augen der Deutschen", sagte *Wolfsohn*. „Junge Deutsche hätten insbesondere eine kritische Distanz zu Israel entwickelt".

Assyrien - Deutschland

Es ist wichtig zu verstehen, dass es diesmal nicht alleine *Deutschland* sein wird, von dem diese Handlungen ausgehen. Denn zuvor wird *Deutschland* die ‚Vereinigten Staaten von Europa' entstehen lassen. Es wird ein Zusammenschluss der zehn *stärksten* Euro-Nationen werden. Die große Machtfülle wird dadurch zustande kommen, dass alle Kräfte, politisch, wirtschaftlich und militärisch unter einen Hut gebracht werden.

Die deutsche Elite hat aus den Niederlagen, in den beiden Weltkriegen gelernt, dass die Eroberung *Europas*, militärisch nicht zu erreichen ist. Und für diejenigen Leser, die daran Zweifel haben, hier einige Zeitungsartikel. Zunächst nur eine fulminante Überschrift vom ‚Daily Telegraph', 21 Juli 2011:

Die Eurokrise wird Deutschland das Imperium geben, von welchem es immer geträumt hat

Und nun die ‚Mail Online' 17. August 2011:

Aufstieg des 4. Reichs - Wie Deutschland die Eurokrise nutzt, um Europa zu erobern

Deutschland lag 1945 in Ruinen [...] aber danach investierte es Fertigungsanlagen und Bildung erster Klasse [...] Über die nächsten 60 Jahre gewann es den Frieden, wie es vorher den Krieg verloren hat. [...] Habt keinen Zweifel daran was eine *Fiskalunion* bedeuten wird: Eine Wirtschaftspolitik, ein Steuersystem, ein System der sozialen Sicherheit, eine Verschuldung, eine Wirtschaft, ein Finanzminister und alles wird *deutsch* sein. Das bedeutet eine komplette Fiskalunion in welcher *Deutschland*, als stärkste Wirtschaft und prinzipieller *Zahlmeister*, die Regeln macht und diese werden dann *unumstößlich* sein. [...]

Ich mache es wirklich nur äußerst ungern, aber da die ‚BILD' es nun mal versteht, den Nerv der Zeit zu treffen, fasse ich hier auch einen Artikel aus diesem Drecksblatt zusammen:

Der Euro ist wichtiger als die Briten

Es sei gekommen, wie es kommen musste. Auch das Machtduo aus Kanzlerin und Sarkozy, hätte die 27 EU-Staaten, nicht alle im Boot halten können. Der große Gegenspieler, sei der britische Premier Cameron gewesen. Und am frühen Morgen hätten

Merkel und Sarkozy gesagt, dann eben ohne euch, der Euro ist uns wichtiger.

Die Klarheit dieses Kurses, hätte sechs Nicht-Euro-Staaten, z. B. Polen und Dänemark überzeugt, die nun mitmachen wollten, beim Euro-Pakt, obwohl sie den Euro noch gar nicht hätten. Sie wollten sich die Tür offen halten, die Großbritannien in der Nacht, wohl endgültig zugeschlagen habe.

Der Euro wird weiter bestehen bleiben, weil er ein Leim ist, der die europäischen Staaten aneinander halten soll und durch die Eurokrise soll die politische Union der Staaten erzwungen werden. Hierzu zwei Zitate der „eisernen" Kanzlerin *Angela Merkel: „Wenn der Euro fällt, fällt Europa!"* sagte sie am 12. Januar 2012 und am 3. November 2011 verkündete sie gemeinsam mit *Sarkozy*: *„Wir lassen uns den Euro nicht kaputt machen!"*.

Aber die deutschen Absichten gehen noch viel weiter, quasi bis ans andere Ende der Welt. Am 4. Februar 2013 schrieb die ‚Trumpet' unter der Überschrift: **Australien – Deutschlands strategischer Partner im Pazifik**

Deutschland verstärke seine Verbindungen mit *Australien* als ein Sprungbrett, um seinen Einfluss in der *Pazifikregion* auszuweiten. Dies geschehe bereits zum dritten Mal, seit der Unterzeichnung der Initiative für eine Handelsallianz 1995. Die Deutschen wollten ihren westlichen Außenposten dort, als Hauptquartier für ihre Operation im ‚Cash-For-Money-Deal' nutzen.

Als Resultat hätten sich die deutschen Investitionen mehr als verdoppelt. *Deutschland* begann *Australien* mit Produkten zu fluten und wurde der drittgrößte Importeur nach den *USA* und *Japan*. Unter Berücksichtigung des 2. Weltkrieges, sei es paradox, dass *Deutschland* mehr Waren nach *Australien* exportiere, als *Großbritannien*. Im Jahr 2011 wurde sogar ein Plan für gemeinsame Sicherheits- und Verteidigungsbemühungen besprochen. Dafür sei das ‚Canberra-Berlin-Statement' unterzeichnet worden. [...] „Das Land ist ein ‚strategisches Trampolin' in den asiatisch-pazifischen Raum", erklärte *Guido Westerwelle*, bei der Unterzeichnung.

‚German-Foreign-Policy.com' schrieb am 31. Januar dazu, dass diese ‚strategische Partnerschaft' es Deutschland ermöglichen würde, mehr Einfluss auf Australien zu nehmen als bisher, in der näheren Umgebung der unvermindert weiter aufsteigenden Volksrepublik China und so eine aktivere Rolle in zukünftigen Konflikten zwischen dem Westen und

Peking, spielen zu können. Dieses Dokument enthalte auch Bezugnahmen auf militärische und politische Angelegenheiten in der Planung für eine ‚strategische Partnerschaft'.

Die Leser, welche noch zweifeln, ob die *Deutschen* wirklich nochmals zu einem Anlauf in Sachen Weltherrschaft im Stande sein sollte, will ich an eine Aussage der „eisernen" Lady von der Insel erinnern. In seinen Memoiren beschreibt der frühere Bundeskanzler *Kohl*, wie die britische Premierministerin *Margaret Thatcher* beim Abendessen der, damals zwölf Regierungschefs, den Satz sprach: „Zweimal haben wir die Deutschen geschlagen, jetzt sind sie wieder da".

‚Stratfor' schrieb am 10. November 2010 über *Deutschland*: „Deutschland beginnt sich selbst wieder als einer der Weltmächte zu sehen – Mit großartigen Strategien, Bauern zum opfern und allem anderen, was mit dem Titel eines Schachgroßmeisters einhergeht".

Herbert W. Armstrong sagte in seiner Radiosendung am 9. Mai 1945: „Wir verstehen die *deutsche* Gründlichkeit nicht. Vom Beginn des 2. Weltkrieges an, haben sie die Möglichkeit berücksichtigt, die zweite Runde zu verlieren, wie schon den ersten.

Weltkrieg und haben sorgfältig und methodisch für diese Eventualität geplant, den 3. Weltkrieg. *Hitler* ist gescheitert, diese Runde ist vorbei.

In *Frankreich* und *Norwegen*, haben sie gelernt, wie effektiv ein organisierter Untergrund die Besetzung und Kontrolle eines Landes behindern kann. *Paris* wurde durch die französische Resistance und die Alliierten befreit. Nun sind die Nazis sind in den Untergrund gegangen und planen zurück zu kommen, um die dritte Runde zu gewinnen."

1996 wurde in den USA ein Geheimdienst-Dokument veröffentlicht. Es enthüllte, dass einige der Nazi-Führer, im August 1944 erkannten, dass sie den Krieg verlieren würden. So arrangierten sie ein Treffen mit deutschen Top-Industriellen, u. a. von *Messerschmitt* und *Volkswagen*, um sich um die Finanzierung der NSDAP im Untergrund zu bemühen, „damit nach der Niederlage ein starkes *Deutsches Reich* geschaffen werden kann."

Dieses Geheimdienstdokument, das Schockwellen hätte auslösen können oder vielleicht sogar müssen, erhielt jedoch kaum Beachtung. Aber was noch schockierender ist, als die Tatsache, dass es von der Presse nicht thematisiert wurde ist, dass die US-Regierung es nicht vor 1996 veröffentlicht hat, über ein *halbes Jahrhundert* später!

Eine weitere Überraschung beschreibt im Jahre 1997 *Martin Lee* in seinem Buch ‚The Beast Reawakens', dass angesichts der Tatsache, dass die Führung der *Bundeswehr* direkt aus den höchsten Rängen von *Hitlers* Armee rekrutiert wurde, es niemals eine Abkehr von der Naziverganenheit gegeben hat. (1976 waren nur drei von 217 Bundeswehr-Generälen keine Veteranen des *3. Reichs*, und 37 Kasernen in der Republik wurden nach Soldaten benannt, die ihren Ruhm während der Hitler-Jahre begründet hatten). [...]

Die Zeitschrift ‚Good News' vom April 1952 hatte also wohl Recht gehabt, als sie schrieb: „Wird *Amerika* sich trauen, *Deutschland* wieder zu bewaffnen? Unsere führenden Generäle haben unerbittlich gewarnt, dass *Deutschland* ein *kalkuliertes Risiko* ist."

Zu dieser Zeit, als *Deutschland* als Nation zerschmettert und zu einem Haufen Schutt zerbombt in Trümmern lag, schrieb *Herbert W. Armstrong* in ‚The Plain Truth' aus dem Jahr 1952: „Die Vereinigten Staaten sind entschlossen, dem Aufbau eines wiederbewaffneten, unabhängigen *Deutschlands* nicht mehr im Wege zu stehen. Dies wird das Herz und der Kern des vereinten Europas sein, welches das ‚Heilige Römische Reich' wieder beleben wird." [...]

Wussten Sie eigentlich, dass *Deutschland* in den 1990'er Jahren, maßgeblich für den Bürgerkrieg im ehemaligen Jugoslawien verantwortlich war? Dass die damalige Regierung bereit war, sich für die Anerkennung von *Slowenien* und *Kroatien* mit allen anderen Mitgliedern der damaligen *EG*, den *USA* und der *UNO* anzulegen?

Mir war das auch neu, aber meine Recherchen haben es bestätigt. *Deutschland* hatte in dieser Angelegenheit die *ganze* Welt gegen sich! Trotzdem blieb es bei in seiner Entscheidung. Warum? Wie kann eine Nation mit dieser Vergangenheit so etwas in Angriff nehmen? Es macht Sinn, wenn man die Geschichte *Deutschlands* versteht!

Die ‚New York Times' schrieb am 16. Dezember 1991 dazu: „Der *UN-Sicherheitsrat* wich von einer Konfrontation mit *Deutschland* wegen *Jugoslawien* zurück, nachdem die europäischen Verbündeten *Deutschlands* entschieden hatten, dass sie keinen großen Zusammenprall mit *Bonn* wünschten. Dies rührte besorgniserregende historische Parallelen auf. *Nazi-Deutschland* dominierte diese Regionen während des 2. Weltkrieges, indem sie *Slowenien* ins *Dritte Reich* integrierten und ein Marionettenregime in *Kroatien* installierten.

Dieser Zwischenfall unterstrich *Deutschlands* zunehmende politische Macht innerhalb der 12 Nationenstarken, Europäischen Gemeinschaft, sagten Diplomaten. Einige fügten hinzu, dass dies die *offensichtlichste* Demonstration dieser Macht seit der Wiedervereinigung der zwei deutschen Nationen vor über einem Jahr kennzeichnete." [...]

Warum hat *Deutschland* gegen den Widerstand praktisch der *gesamten* Welt, darauf bestanden, diese beiden Republiken anzuerkennen? Nun, es ist so, dass diese beiden kleinen Republiken Warmwasserhäfen am *Adriameer* besitzen und damit einen Zugang zum *Mittelmeer* und dieses wiederum Zugang zu der Region, die als *Naher und mittlerer Osten* bezeichnet wird, bietet. Dies ist aus strategischer Sicht sehr wertvoll und *Deutschland* weiß Bescheid, in Sachen *strategischer* Kriegsführung und das wahrscheinlich besser, als *jede* andere Nation in der Welt.

Man könnte also denken, dass *Deutschland* diesen Krieg, zumindest indirekt ausgelöst hat. So sah es der damalige U.S. Staatssekretär *Christopher*, denn er sagte: *„Deutschland hat ganz gewiss eine*

Verantwortung für die Balkankriege." Er nannte keine anderen Nationen außer *Deutschland* und wurde daraufhin sehr schnell zum schweigen gebracht.

Ron Fraser, Kolumnist für die ‚Trumpet', schrieb über den *Kosovokrieg*: „Es war ein Meisterstück politischer Täuschung, welches dazu diente zu demonstrieren, dass die alten teutonischen Meister der Antike, allzeit das ‚Heilige Römische Reich' belebend, viel aus ihrem Fehler, Europa in zwei Weltkriegen erobern zu wollen, gelernt haben. Lass einfach die anderen die Kriege führen – vorzugsweise auf eigene Kosten – und erscheine immer zurückhaltend beim Eintritt in die Offensive; dann komme an, mit dem Hut in der Hand und biete an, der Friedensstifter am Ende des großen Konflikts zu sein."

Es gibt einen weiteren sehr wichtigen Punkt, von dem so gut wie gar nicht berichtet wird. Wissen Sie eigentlich, dass außer *Frankreich* und *Großbritannien* noch andere Nato-Länder im Besitz von *Atomsprengköpfen* sind? Es handelt sich um 5 Nationen und raten Sie mal, wer u. a. dabei ist … es sind die *Niederlande, Belgien, Italien, Türkei* und *Deutschland*!

Es handelt sich da um insgesamt 350 nukleare Sprengköpfe, die zwar *technisch* gesehen, den *USA* gehören, sich jedoch *tatsächlich* in den Händen der genannten Nationen befinden. Sie sind an die jeweiligen Flugzeugtypen angepasst, so dass diese von den Host-Nationen befördert und abgeworfen werden können. Diese sind ein Relikt aus dem kalten Krieg. Jeder dieser Sprengköpfe, hat die *13-fache* Stärke der Hiroshimabombe! Und wie die Europäer, wird auch die *Türkei*, die *USA* betrügen und sich gegen diese wenden.

Dass im 3. Weltkrieg Atomwaffen zum Einsatz kommen werden, ist z. B. dem Buch des Propheten **Jesaja 1:7**, zu entnehmen: Euer Land ist verwüstet, eure Städte sind mit Feuer verbrannt; [...] Oder auch in **Jesaja 6:11:** [...] Bis die Städte verwüstet liegen, so dass niemand mehr in ihnen wohnt, und die Häuser menschenleer sein werden und das Land in eine Einöde verwandelt ist.

Ein solches Ergebnis, ist nur durch den Einsatz von Atomwaffen möglich, insbesondere in einem so großen Land, wie den USA. Angeblich sollen diese Sprengköpfe laut Koalitionsvertrag, aus *Europa* entfernt werden, aber dazu muss man wissen, dass ein solcher Vertrag, juristisch, nur eine *Absichtserklärung* darstellt. Der Koalitionsvertrag zwischen CDU, CSU und SPD. Enthält die folgenden überraschende

10 Punkte:

1. **Weltordnungsmacht** – Es wird der Anspruch erhoben Weltordnungsmacht zu werden, dazu sollen alle Instrumente, auch militärische, zum Einsatz kommen
2. **Afghanistan** – Der 10jährige Einsatz der Bundeswehr dort, wird positiv bewertet
3. **Zivil-militärische Kooperation** – Gemeinsam mit den Partnern bei Auslandseinsätzen
4. **Militarismus** – Attraktivitätsoffensive, um mehr Rekruten für die Bundeswehr zu gewinnen
5. **Außenwirtschaftspolitik** – Weltweit sollen zur Rohstoffsicherung, Freihandelsabkommen, abgeschlossen werden
6. **Stärkung der Rüstungsindustrie** – Rüstungsexporte sollen wie bisher zur geopolitischen Einflussnahme genutzt werden
7. **NATO** – Die Koalition setzt auf eine Stärkung der Rolle *Deutschlands*, bsd. was die Strukturen angeht
8. **Syrien** – In diesem Konflikt, ist man auf den Kurs der *USA* eingeschwenkt
9. **Golf-Kooperationsrat** – Die Kooperationen mit Diktaturen wird befürwortet

10. **NSA-Affäre** – Eine Neuordnung der Beziehungen zu den *USA* ist nicht vorgesehen

Man lese und staune, über die *Unmissverständlichkeit*, der gesetzten Ziele. Die Weichen sind nun gestellt, für die neue globale *Supermacht* unter *deutscher* Führung. Die ersten beiden Weltkriege waren nur ein *Menetekel* für das, was der 3. Weltkrieg über die Erde bringen wird. Und wie schon die ersten beiden Weltkriege, wird er von *Deutschland*, als Führer der ‚Vereinigten Staaten von Europa', ausgelöst.

In diesem dritten Anlauf, wird es vollbringen, was zuvor vom ‚Haus Israel', allen voran den *USA*, verhindert wurde. Das hat zum einen mit dem Verlangen nach Vergeltung für das Eingreifen in die beiden Weltkriege und der daraus resultierenden Niederlage zu tun, aber es ist auch eine Vorbedingung um die Weltherrschaft zu erlangen.

Und *Deutschland* bereitet sich schon seit Jahren darauf vor, auf die Weltbühne, auch mit militärischen Mitteln, zurück zukehren. Bei meinen Recherchen dazu, fand ich auch einen bemerkenswerten Artikel, in einer *österreichischen* Zeitung, nachdem nicht die *USA Deutschland* in *Afghanistan* dabei haben wollte, *sondern* die Bundesregierung sich den *USA aufgedrängt* hat. Die ‚Kleine Zeitung' schrieb am 4. September 2011:

Deutschland wollte nach Afghanistan

Laut einem „Spiegel" Bericht war eine deutsche Beteiligung am Krieg in *Afghanistan* nach den Anschlägen niemals erforderlich, die damalige rot-grüne Bundesregierung von Kanzler Schröder habe den *USA* militärische Hilfe jedoch vielmehr aufgedrängt.

Warum hat die *Bundesregierung* das wohl getan? Wenn Sie mich fragen dann deshalb, weil man nach Jahrzehnten der militärischen Abstinenz natürlich ein *realistisches* Übungsgebiet für die Bundeswehr braucht, logisch, oder? Und ist nicht zufälligerweise auch der *Iran* gleich neben an? Auch das besondere Engagement von Ex-Verteidigungsminister *zu Guttenberg* für die Truppe und die Aussetzung der Wehrpflicht, sind den zukünftigen Zielen der deutschen Politik geschuldet.

Das mit Aussetzung der Wehrpflicht wegen der Einberufungsgerechtigkeit ist vorgeschoben. Das musste gemacht werden, weil man *Wehrpflichtige* nur zur *Landesverteidigung* einziehen darf, deswegen zielt man nun auf *Zeit- und Berufssoldaten*, die auch außerhalb der Heimat eingesetzt werden können. Aber *Afghanistan* ist längst nicht der einzige

Einsatzort der Bundeswehr. *Deutschland* stellt(e) die:

- meisten Truppen auf dem *Balkan*,
- hat militärische Ausbilder in *Afrika*,
- Kriegsschiffe im *Mittelmeer*, um Waffenlieferungen an die Hisbollah zu verhindern und
- leitet die EU-Operation ‚Atalanta', am *Horn von Afrika.*

Apropos ... war da nicht mal was von wegen Piraten, die Handelsschiffe und Tanker kidnappen? Man hört gar nichts mehr davon, scheinbar hat sich **jemand** erfolgreich darum gekümmert. Dazu stand in einem Artikel der ‚Washington Post' vom 28. Januar 2013: **Die neue Supermacht der Welt**

Die EU habe die Finanzierung zum Training afrikanischer Truppen – die assistieren werden, autorisiert und die haben mehr Erfahrung als sie denken. [...] EU-Kräfte würden weit unterhalb des öffentlichen Radars operieren und griffen erfolgreich Piratenbasen entlang der somalischen Küste an. *„Die haben unsere Ausrüstung in Schutt und Asche gelegt"*, beschrieb es ein Kommandeur der Piraten, gegenüber ‚The Associated Press'. [...]

Deutschlands Pläne schließen auch ein gemeinsames europäisches Militär ein. Um das zu belegen fasse ich einige Artikel aus der ‚Trumpet' zusammen. Zunächst vom August 2013 unter der Überschrift: **Im Aufbau**

Einige Komponenten für eine europäische Armee, die das *EUISS* jetzt empfehle, bestünden bereits. Zur Verstärkung könne das ‚Eurocorps' unter einheitlichem Kommando verlegt werden. Aber *Berlin* dränge nach *mehr*. *„Deutschland* treibt die Integration einer europäischen Verteidigung voran.", berichtete ‚Deutsche Welle' im Mai. *„Deutschland* ist *Europas* größter Partner in militärischer Kooperation." *Berlin* habe sich angeboten, Arbeit zu übernehmen, die kleinere Armeen sich nicht leisten können.

Deutschland habe im Mai in einen gewaltigen Schritt nach vorne gemacht. Verteidigungsminister *De Maiziere* unterzeichnete mit dem *niederländischen* Verteidigungsminister ein Abkommen, welches niederländische Fallschirmjäger unter *deutsches* Kommando stellt. Ab 2014 wird die militärische Vorhut der *Niederlande* nun also unter *deutschem* Kommando stehen. Die *Niederlande* werden ab jetzt, keinen Krieg mehr ohne grünes Licht aus *Berlin* mehr beginnen. Die *Niederlande* haben den Rubikon überschritten, und einen Teil ihrer Armee, *Deutschland* unterstellt. Wird es dabei bleiben?

Die beiden Armeen arbeiteten vorher schon eng zusammen, durch den Austausch von Offizieren, und Durchführung gemeinsamer Manöver. Jetzt will man zusätzlich, gemeinsam neue Ausrüstung kaufen und ein neues U-Boot entwickeln. Beide Armeen dienen auch gemeinsam in *Afghanistan* und auch hier, stehen die Niederländer ebenso, unter *deutschem* Kommando. Dass solle auch 2014 so bleiben.

Ebenfalls im Mai, vereinbarte man ähnliches mit den *Polen* zwecks engerer Zusammenarbeit der Marine beider Länder. Dieses Abkommen macht den Weg für 28 Projekte frei u. a. die gemeinsame Überwachung des *baltischen* Meeres, gemeinsame Manöver und Kooperation im Schiffsbau. Wenn *Deutschland* beweisen könne, dass diese Integration funktioniert und das dabei auch noch eine Menge Geld gespart werden kann, werden auch andere Nationen dabei sein wollen. Das Resultat werde eine *europäische* Armee oder zumindest sehr enge koordinierte Armeen um *Deutschland* herum zentriert sein.

Und es geht bereits weiter damit, wie man der

‚Trumpet' vom 14. Oktober 2013 entnehmen kann:

Deutschland skizziert neue Strategie für eine europäische Armee

Statt die europäische Armee mit einem Mal zu schaffen, solle *Deutschland* dies Stück für Stück tun, übereinstimmend mit einem Papier der ‚Konrad-Adenauer-Stiftung'. *Deutschland* solle „Inseln der Kooperation" schaffen, welche als Bausteine einer Gesamteuropäischen Armee genutzt werden könnten. Alle 28 Nationen davon zu überzeugen, ihre Souveränität übers Militär abzugeben, habe viel zu lange gedauert. *Deutschland* will Resultate sehen und zwar *jetzt*!

Die bemerkenswerteste Empfehlung sei die, dass *Deutschland* die *Führungsnation* einer gemeinsamen Luftwaffe mit den *Niederlanden* und *Tschechien* werden soll. Es schlägt ebenso vor, dass *Deutschland* mit *Frankreich*, *Polen*, *Niederlanden* und *Dänemark* bei der Aufrüstung der Marine zusammenarbeiten sollte.

Für diese Idee gäbe es auch in den USA Begeisterung. Die KAS nenne drei Gründe, warum *Europa* das Militär verbessern soll. Die Aufstände im *mittleren Osten, Nordafrika* und *am Horn von Afrika*, sowie den *Kaukasus*. Zwei weitere drehen sich um *Amerika*. Es warne vor der Unzufriedenheit *Amerikas*, dass *Europa* sich nicht genügend in die Nato einbringt. *Amerika* dränge *Europa* ein gemeinsames Militär zu entwickeln.

Und am 21. November 2013 war dann zu lesen:

Neue Koalition strebt nach europäischer Armee

Übereinstimmend mit dem neuen Koalitionsvertrag, wolle *Deutschland* eine europäische Armee schaffen. Kanzlerin *Merkel* habe *Deutschland* dazu aufgerufen, sich seiner internationalen Verantwortung zu stellen und bereit zu sein für Unterstützung in Konflikten. „Wir streben eine immer engere Verbindung der europäischen Kräfte an, welche sich zu einer vom Parlament kontrollierten, europäischen Armee entwickeln kann."

Es wird empfohlen, dass kleine Gruppen von Nationen zusammenarbeiten, um ein im Großen und Ganzen ausbalanciertes Militär zu schaffen. Verteidigungsminister *de Maiziere*, unterbreitete ‚Framework-Nation-Concept' letzten Monat der Nato. Das europäische Militär würde in Gruppen aufgeteilt werden. Die Nationen müssten nicht länger eine komplette Armee unterhalten, sondern könnten sich spezialisieren. Trotzdem behielten alle die notwendigen, defensiven Ressourcen.

Die arabischen Nationen

Hier gilt die Maxime: Im Nahen und mittleren Osten nichts Neues! Seit der Gründung des Staates Israel, liegen seine arabischen Nachbarn mit ihm im Krieg. Es gab bisher drei arabisch-israelische Kriege und lediglich Ägypten hat einen Friedensvertrag mit Israel geschlossen. Syrien, Jordanien und der Libanon befinden sich mit Israel nachwievor im Kriegszustand.

Keine der an der Verschwörung beteiligten Nationen hat den Staat Israel jemals anerkannt oder unterhält diplomatische Beziehungen mit ihm. Arabische Jungen werden von klein auf, mit dem Hass auf die Juden indoktriniert.

Israel ist wiederholt in den Süden des Libanons eingedrungen, um die Hisbollah zu bekämpfen. Es gab mehrere palästinensiche Intifadas, d. h. Tage des Zorns, gegen Israel und die Hamas bekämpft Israel mit Raketenbeschuss vom Gaza-Streifen aus. Die PLO erklärte hierzu: „Der Kampf mit dem zionistischen Feind ist kein Ringen um die Grenzen Israels, sondern um die Existenz Israels." Und Yassir Arafat sagte: „Friede bedeutet für uns, die Zerstörung Israels."

Ebenso sind die USA, sowie die ehemalige Kolonialmacht Großbritannien bei den arabischen Nationen verhasst. Lediglich Sauid-Arabien scheint mit den USA befreundet zu sein, zumindest das saudische Königshaus. Aber hier dürfte es wohl eher um wirtschaftliche Interessen gehen, nämlich die amerikanische Abhängigkeit vom saudischen Öl und Saudi-Arabiens Interesse an amerikanischen Waffen.

Epilog

Welches Fazit kann man an dieser Stelle nun ziehen?

Erstens: In Psalm 83 handelt es sich nicht um eine rein arabische Allianz gegen den Staat Isreal. Vielmehr handelt es sich um ein Bündnis sunnitischer Staaten mit Deutschland, gegen die englischsprachigen Nationen und den Staat der Juden.

Zweitens: Der Hauptmachtfaktor – Deutschland, ist fleissig dabei, sich sein Imperium der Vereingten Staaten von Europa zu schmieden, welches seine Macht, insbesondere auf militärischen Sektor, beträchtlich erhöht.

Drittens: Die arabischen Nationen haben allesamt, seit der Antike ein feindschaftliches Verhältnis zu den Israeliten und den Juden, woran sich bis heute nichts geändert hat. Seit der Staat der Juden gegründet wurde, brennen die Araber darauf ihn auszulöschen.

Und last but not least – Das gesamte Haus Israel, von Nordamerika bis Australien befindet sich im Niedergang – wirtschaftlich, finanziell und politisch. Alle sind schon mehr oder weniger in der Welt isoliert und dieser Trend wird sich noch verstärken.

Weitere Bücher des Autors:

Die sieben ‚Heiligen' Römischen Reiche

Taschenbuch 147 Seiten

ISBN: 9789461939777 Preis: 13,70 €

Assyrien – Ursprung der deutschen Völker

Taschenbuch 196 Seiten

ISBN: 9789461938510 Preis: 16,95 €

Das Matriarchat – Gesellschaft des Mutterrechtes

Taschenbuch 103 Seiten mit Farbfotos

ISBN: 9789462547162 Preis: 17,25 €

Vatikan – Wahrsagende Schlange

Taschenbuch 154 Seiten

ISBN: 9789462547216 Preis: 13,85 €

Die ‚Vereinigten Staaten von Europa' und der 3. Weltkrieg

Taschenbuch 174 Seiten

ISBN: 9789461938589 Preis: 16,40 €